인구 감소 시대의 교육

KB009611

스스로 서서 서로를 살리는 교육 민들레

민들레 vol. 152

발행인 겸 편집인 현병호 편집장 장희숙 편집위원 김경옥 이슬기 펴낸곳 도서출판 민들레
주소 서울 성북구 동소문로 47-15 전화 02-322-1603 이메일 mindle1603@gmail.com
등록일 1998년 11월 30일 발행일 2024년 5월 1일 정기간행물 등록번호 바00035
본지는 한국간행물윤리위원회의 윤리강령과 실천요강을 준수합니다.

인구, 그 속의 '사람'을 생각하며

얼마 전, 한 전시회를 다녀왔습니다. 1,425일 동안 이어진
사라예보 포위전 중에 불타고 망가지면서도 살아남은
아이들 물건이 전시되어 있었는데요. 드레스 그림이
빽빽하게 그려진 노트 두 권이 인상 깊었습니다. 어렵게
지원받은 노트를 엄마 몰래 숨겨두고 아껴가며 그림을
그렸던 어린이는 자라서 패션 디자이너가 되었다고 하네요.
냉혹한 현실에서도 우리의 삶은 흘러가고, 아이들은
자기의 결대로 자라납니다.

　기후위기, 인구소멸위기 같은 말들이 난무하는 이
시대에도 아이들은 무럭무럭 자라고 있습니다. 지난
10년 사이 출생아 수가 반으로 줄었다지만 여전히
한 해 20만 명이 넘는 아이들이 태어나고 있지요.
이 책에서 나누고 싶은 건 '인구'가 아니라 '사람'에 대한
이야기입니다. 많은 이들이 '문제'라 말하는 이 '현상'을
교육적 관점으로 꿰어 우리 삶과 연결하는 통로를
찾아보고자 합니다.

　'저출산'은 '고령화' 같은 말과 짝지어 다니면서 우리
마음을 더 무겁게 하지만, 천문학적인 예산을 쏟아붓고도
회복되지 않는 이 현상의 해답은 '오늘의 아이들을 잘 키우는

것'에 있을지 모릅니다. 출산율 감소는 아직 아이를 낳지 않은 사람들이 이미 태어나 자라고 있는 아이들과 그들이 살아갈 사회를 보고 내린 결정이니까요. 그러니 출산율에 연연하기보다 이 아이들이 어떤 세상을 살아갈지, 우리가 바꾸어야 할 것은 무엇인지부터 살펴야겠습니다. 그리고 이 급격한 변화에 어떻게 '적응'할지도 함께 고민해보면 좋겠습니다.

학령인구 감소로 달라지고 있는 교육의 현실을 짚고, 변화를 전망해봅니다. 결혼을 넘어선 대안적 가족 제도, 최근 개정된 독일의 이민 정책 등 사회 변화에 필요한 이야기도 담았습니다. 먼저 경험한 이들의 목소리에 귀 기울이다 보니 다른 나라의 사례가 많이 소개되었는데요. 단편적인 비교가 될까 조심스럽기도 하지만, 넓은 시야로 우리의 오늘을 조망하는 데 도움이 되었으면 합니다.

자라나는 아이들의 이야기와 함께, 늙어가는 우리의 이야기도 나눠보시면 어떨까요. 100세 인생은 현실이 되었는데, 여생이 만만치 않습니다. 벌써부터 비가 오면 무릎이 쑤신데 아직 반도 안 살았다니요. 단단히 마음을 다잡으며, 인간이 줄어드는 사회에서 어떻게 인간답게 살 것인지를 생각해봅니다.

2024년 5월, 장희숙

학령인구 감소 시대, 교육의 변화를 모색하다

나 성 훈 사교육걱정없는세상 공동대표
홍 인 기 좋은교사운동 초등정책팀장

학령인구가 줄어들면서 교육계 지형이 변하고 있다. 문을 닫는 어린이집과 학교가 늘어나고 있으며 갈수록 그 수는 더 많아질 전망이다. 한편에서는 신축 아파트 단지를 중심으로 과밀학교와 과소학교가 공존하는 현상도 나타난다. 학생 수 감소의 큰 흐름 속에서 변화의 방향을 읽고 대비책을 함께 찾아보고자 이 문제에 먼저 관심을 갖고 연구해온 나성훈, 홍인기 님과 이야기를 나누었다. _편집실

아이들과 교육기관, 얼마나 줄었을까

학령인구 감소에 관한 이야기는 무성하지만, 이를 자기 문제로 인식하고 고민하기는 쉽지 않은 것 같습니다. 두 분은 어떻게 이 현상에 관심을 갖게 되었나요?

홍인기 국제적으로 코호트요인법*에 따라 인구추계를 발표하면, 각 국가에서 세 가지 시나리오를 써요. 상황이 좋아진 경우(상위추계), 중간 경우(중위추계), 그리고 최악의 경우(저위추계). 그런데 2017년쯤 되니까 한국에선 최악의 시나리오에서조차 예측하지 못한 더 하위의 출산율이 나온 거예요. 처음엔 저도 단순한 호기심으로 2021년 12월 통계청이 발표한 중위추계를

● Cohort Component Method. 인구 변동 요인(출생, 사망, 인구 이동)에 따른 미래 인구 수준을 각각 예측한 후 인구균형 방정식을 적용해 다음 해 인구를 산출해가는 인구추계 방법.

가지고 연도별 초등학생 수를 계산해보곤 깜짝 놀랐어요. 2021년 270만 명인 초등생이 2032년이 되면 140만 명으로, 절반 가까이 줄어드는 거예요. 이렇게 중요한 걸 왜 아무도 얘기하지 않나 싶어 그때부터 이 문제를 파고들면서 여기저기 알리려고 애쓰고 있어요. 통계청은 중위추계를 기준으로 인구 변동을 예측하지만 현실적으로 한국의 인구 구성은 계속해서 최악의 시나리오(저위추계)로 흘러가고 있어요.●

나성훈 제가 이 문제를 실감한 건 우리 아이가 경기도 과천에서 초등학교, 중학교가 통합된 학교를 다니게 되면서였어요. 도시에서 이런 일이 벌어질 거라곤 생각을 못했죠. 이러다가 학교를 더이상 유지하기 어려운 때가 오면, 이 많은 교실과 인프라, 남은 아이들은 어떻게 될까 생각하면 걱정이 앞서죠.

2023년 초등학생 수는 259만 명 정도로 그 전해에 비해 6만5천 명가량 줄었습니다. 숫자만으로는 체감되지 않는 현실인 듯한데요.

홍인기 6만5천 명이면 2023년 울산시의 초등학생 수 정도 됩니다. 앞으로는 매해 평균 12만5천 명씩 줄어들 걸로 예상되고요.

● 이 좌담에서 예측한 미래의 인구 변동 수치도 저위추계를 기준으로 했음을 밝힌다.

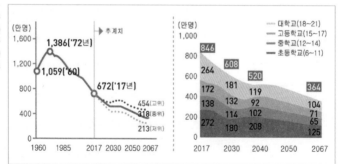

유소년인구
(1960~2067년)
추계치 및 학령인구
(2017~2067년)
연령 구조

올해 경북의 초등학생 수가 약 12만 명이니까, 매해 그만큼 줄어든다고 볼 수 있어요. 가장 심각한 연도는 2027년과 2028년인데, 한 해에 17만 명씩 줄어들 것으로 예상하고 있어요. 2027년 부산과 대전의 초등학생 수를 합쳐 17만 명 정도일 것을 예상하면 이 숫자가 좀 더 현실적으로 느껴지죠.

최근 5년간 전국의 193개 초중고가 문을 닫았습니다. 영유아 수가 빠르게 줄어들면서 작년에 문 닫은 어린이집도 2천 곳 가까이 된다고 하죠. 아직은 유지되고 있지만 폐교 또는 폐원 위기에 놓인 교육기관은 더 많을 텐데, 현황이 어떤가요?

홍인기 감사원에서 소규모 학교를 도시 200명 이하, 시골 60명 이하로 정의하고 이런 학교가 얼마나 늘어날지 예측하는 모델을 발표했는데요. 2022년 2,600여 개에서 2040년에는 5,000개

가까이 증가할 것으로 예측해요. 2023~2040년 추계에 따르면 이런 학교들이 연평균 3.57%씩 증가해서, 2022년 1,800여 개 (전체의 29.2%)였던 소규모 초등학교가 2035년에는 3,000여 개 (전체의 48.7%)가 될 것으로 전망해요. 2022년 통계를 보면 전국에 전교생 30명 이하 초등학교 중 600여 개가 5년 이내에, 60명 이하 1,500여 개 학교는 10년 이내에 없어질 가능성이 높다고 보고 있습니다.

제가 근무하는 경기도 고양의 초등학교 전교생이 809명인데, 2022년 강원도 양양군 전체 초등학생 수가 902명이에요. 심지어 군에서 제일 큰 초등학교에 55%인 500명 정도가 몰려 있고 두 번째로 큰 학교는 전교생이 64명인 실정이죠. 앞으로 이런 격차는 더 커질 거예요.

나성훈 어린이집 다니는 영유아 수가 2018년 141만5천 명에서 2022년 109만5천 명으로 32만 명 정도 줄었어요. 그 사이 어린이집도 8천 곳 넘게 문을 닫았죠. 앞으로 4년 안에 어린이집 3분의1이 더 없어질 거라고 예측하고 있는데요. 이대로 두면 아이 교육 때문에 수도권과 지역 중심지로 모이는 현상이 더 심화될 거예요.

가까운 곳에 어린이집이 없는 것도 문제지만, 아이들 수가 줄어드니까 연령 통합반이 느는 것도 문제가 되고 있어요. 영유아들에게는 한 살 차이가 아주 큰데, 한공간에서 지내는 데 무리가 있죠. 부모들 사이에서도 거기서 오는 충돌이 있고요.

어떻게 대응하고 있을까

이미 태어난 아이들이 있고 이들이 학령아동이 되었을 때의 데이터도 나와 있는데, 이 문제에 대한 국가 수준의 대비책은 생각보다 부족해 보입니다. 왜 그럴까요?

홍인기 사실 답이 없어서 그런 게 아닐까 싶어요. 세계 초유의 사태거든요. 일본이 우리보다 저출산 고령화를 먼저 겪은 나라인데, 지금 한국은 일본보다 인구 변화 속도가 두 배나 빨라요. 그러니까 일본이 선택한 방식을 좇아갈 수도 없는 거죠. 지난 4월 총선에서 인구 문제를 해결하기 위해 '인구부'나 '인구위기 대응부' 신설 공약을 내세운 건 바람직한 방향이라고 봅니다. 이 문제를 가지고 여야가 함께 논의를 시작해야 해요. 각 부처의 인구 문제를 점검하고 대응하는 컨트롤타워가 필요합니다.

교육 당국은 소규모 학교 통폐합 문제, 과소학교와 과밀·과대학교 문제를 동시에 해결해야 하는 과제를 안고 있습니다. 모듈러 교실을 짓고, 통학 구역을 재배치하고, 도심형 분교를 만드는 등 대책을 내놓고 있는데, 앞으로 이 방향은 어떻게 보시는지요.

홍인기 정부가 더이상 소규모 학교 통폐합을 위해 유인 정책을
쓰지는 않을 것 같아요. 과밀·과대학교도 시간이 좀 지나면 학
생 수 감소로 자연스레 해결될 걸로 예상되고요. 대신 지역의
학교소멸에 대처하기 위한 몇 가지 모델이 필요하다고 봅니다.
지역균형발전을 위해 초등학교를 어떤 단위로 유지할지 더 늦
기 전에 논의해서 합의점을 찾아야 합니다. 지금은 면 단위 1개
초등학교를 유지하려고 하지만 사실상 읍 단위 1개교 유지도
장기적으로는 어려운 상황이에요. 이 문제를 해결할 수 있는
모델로 통학, 통합, 지원 모델 등 몇 가지를 제시해볼 수 있어
요.(오른쪽 표 참조)

한 지역 안에서도, 한쪽에선 폐교를 하고 다른 한쪽에선 과밀학급
으로 학생 수가 넘치는 상황이 벌어지고 있습니다. '폐교 옆 콩나
물시루'라는 지역 내 쏠림 현상은 신축 아파트 단지를 중심으로
생기는 전국적 현상인데요. 주거와 교육 문제가 긴밀히 얽혀 있음
을 보여주는 것 같습니다.

홍인기 신도시와 구도심의 문제는 혁신도시가 생긴 곳에서 많
이 나타나는데, 이 문제가 가장 심각한 지역은 부산이에요. 16

통학 모델

중소 도시 근처 소규모 학교의 교육 역량을 높이고 작은 규모의 이점을 살려 중소 도시의 학생을 흡수하는 방식. 지자체에서 운영하는 통학버스(강릉시 모델), 소규모 학교 활성화 법안을 통해 학부모의 학교 운영 참여와 학교의 자율성 확보, 활동 교사의 지속가능한 정주 여건 개선 등의 지원이 필요하다.

통합 모델

강원도 양양의 A초등학교와 B초등학교는 2km 이내에 있는 전교생 50명 이하의 소규모 학교로 둘 다 읍내에서 통학이 불가능한 거리다. 두 학교 모두 2개 이상의 학년을 묶어 복식학급을 운영하는 중이다. 이런 경우 두 학교가 각각 복식학급을 유지하기보다 두 학교의 학년을 모아서 단식학급을 운영하면서 두 개의 캠퍼스가 있는 하나의 학교로 재구조화해야 한다.

지원 모델

경기도 연천군의 경우처럼 위의 두 가지 모델에 해당되지 않지만 장기적으로 학교를 유지해야 할 필요가 있거나 경북 군위군처럼 읍 단위에 1개교 유지도 어려운 경우 학생수당을 지급하는 시범사업 방식으로 2033년까지 학교를 유지하는 것이다. 단, 이는 앞으로 발전 가능성이 있는 지역이어야 한다.

개 기초자치단체(군·구) 중 7곳(43%)이 '소멸 위험' 판정을 받았어요. 우리 사회가 이 문제를 제대로 고민하게 되는 계기는 어쩌면 부동산 버블이 터질 때가 아닐까 싶어요. 그때 부수적으로 학령인구 문제도 본격적으로 논의될 가능성이 높다고 봅니다. 은퇴한 세대가 집값 떨어지기 전에 노후 자금을 마련하기 위해 집을 팔기 시작할 거예요. 좀 안타까운 현실이지만, 결국엔 자산 문제로 직결될 때 사람들이 인구 감소 문제를 자기 문제처럼 관심을 갖고 학령인구 감소 대책도 더 적극적으로 세우게 되지 않을까 싶습니다.

인구가 줄면 경쟁교육도 완화되지 않을까 하는 전망이 있는데, 지역 내 쏠림 현상이 나타나는 학교들을 보면 사교육, 경쟁교육이 더 강화되고 있는 것 같습니다. 어떻게 예측하시는지요?

홍인기 장기적으로 구직난이 구인난으로 넘어가면서 경쟁교육이 일부 완화될 가능성이 있겠죠. 하지만 경제적으로 여유 있는 부모들이 자녀에게 더 많이 투자하면서 그들간의 경쟁은 더 치열해질 수 있다고 봐요. 교육의 양극화 현상도 더 두드러질 걸로 예상되죠. 현재 분유시장이나 유아교육기관 상황만 봐도 고급화 전략을 쓰는 곳들이 살아 남고 있거든요.

이건 대안학교도 마찬가지예요. 초등대안학교 학생 수가 빠르게 줄고 있어요. 원래 작았던 학교들은 더욱 어려운 상황에 놓였죠. 대안학교 신입생 감소 현상이 학령인구 감소뿐 아니라 경제적 이유 때문이라는 진단도 있지만 교육비가 낮아진다고 학생 수가 확 늘진 않을 거예요. 대안학교 또한 양극화되어서 차별화된 교육을 하는 몇몇 학교만 남을 것으로 예상됩니다.

나성훈 인구가 줄어도 사람들의 인식이나 삶의 태도가 바뀌지 않는 한, 서울의 상위권 대학에 대한 열망은 계속될 거고 그곳에 들어가기 위한 경쟁도 계속 치열할 거라고 봐요. 대학 서열화나 고교 서열화, 수능 폐지를 통해 근본적인 제도 변화를 이끌어내야 하는 과제는 계속 남아 있는 거죠.

학생 수 감소로 4~5년 이내에 교사 과원 문제도 발생할 것으로 예측하는데 이에 대한 대책은 어떤 것이 논의되고 있는지요?

홍인기 재작년 경기도 고양시에 단설 유치원이 생겼을 때 연천이나 멀리 평택의 공립 유치원 교사들이 이곳으로 발령을 받았어요. 희망해서가 아니라, 그 지역의 병설유치원이 폐교되면서 과원 교사들이 떠밀려온 거죠. 조만간 다른 지역의 교사들도 겪게 될 일이에요. 최근 교사들 사이에 늘봄학교 업무가 학교로 넘어오는 걸 반대하는 목소리가 높은데요. 하지만 조금 넓은 시야에서 보면 먼 곳으로 발령나서 이사를 가거나 초장거리 출퇴근을 해야 하는 상황과 생활근거지 학교에서 업무가 가중되는 것 중 어느 쪽이 더 힘들까요?

초등 교사들이 과감하게 단계적으로 '3시 하교제'를 받아들이고, 올해 1학년에게 매일 2시간씩 무료로 제공하는 방과후 시간을 정규 놀이교과로 채우는 방법을 고려해봐야 해요. 그렇게 하면 1~2학년 7시간, 3~4학년 4시간, 5~6학년은 1시간이 늘어나게 되는데요. 2023년 기준으로 약 2만5천 명의 초등 교사가 더 필요해지죠. 이게 초등 교사들의 원거리 인사 발령을 막을 수 있는 방법이라고 봐요. 학생 수 감소가 심각한 지역부터 단계적으로 1~2학년 놀이교과를 만들어 하교 시간을 늦추는 시범 사업을 제안해볼 수 있습니다.

또 일반 교사들을 재교육해 특수교육 분야로 재배치하는 것도 방법인데요. 2023년 기준 우리나라 특수교육 대상자는 11만 명 정도로 전체 학생의 1.9%예요. 미국 경우는 15%나 특수교육 대상자로 각종 지원을 받고 있는 데 비하면 그 기준이 너무 엄격한 거죠. 기준을 낮추면 행동중재 전문가가 더 많이 필요해지고, 교사들이 그 역할을 할 수 있게 재교육하면 교사 과원 문제도 해결할 수 있을 거예요. 교육환경도 더 좋아지겠죠.

학령인구 감소가 교육 전환의 기회가 될 거라 보는 시각도 있습니다. 이 현상은 해결하거나 극복할 수 있는 문제라기보다 적응하고 대비해야 할 문제가 아닌가 싶기도 하고요. 적은 학생 수에 맞춰 교육을 새롭게 디자인한다면 무엇부터 시작하는 게 좋을까요?

홍인기 가장 먼저 학급당 학생 수 조정을 생각해볼 수 있어요. 교육부가 중장기 교원수급 계획을 발표하면서, 2027년까지 초등 학급당 학생 수를 15.9명까지 줄이겠다고 했어요. 그런데 제가 생각하기에 학급당 최저 인원은 16명이에요. 4명의 학생이 4개의 모둠을 구성할 수 있는 숫자죠. 3명이 다른 학생과 맺는 관계의 경우의수는 3이지만 4명이 다른 사람과 맺는 관계의 경우의수는 6으로 급격히 늘어나요. 협동학습에서 4명을 한 모둠으로 구성하는 이유죠.

또 하나, 인구 감소 해법으로 자국민의 출산율을 높이려고 하기보다 이민을 적극적으로 받아들이는 것이 현실적이지 않나 싶어요. 지금은 3D 업종의 외국인 노동자가 증가하고 있는데, 고학력자와 고숙련 노동자들의 이민도 적극적으로 받는 거죠. 미국과 중국, 일본에서는 이미 동아시아 여러 나라의 우수 인재를 유치하려는 경쟁이 시작됐어요. 장학금을 주고라도 우수 연구자가 우리나라로 와서 공부하면 이곳에 정착할 가능성이 높거든요. 그들의 2세도 한국에서 태어나 자라게 될 거고요. 문화다양성 사회를 선언하고 그에 맞게 국정 기조를 새롭게 설계하는 게 필요하지 않을까 싶습니다.

인구 감소나 학령인구 감소가 국가 수준의 문제라고 생각하면 개인의 노력이나 실천이 무력해지는 것 같습니다. 이에 대해 해주실 말씀이 있을까요.

나성훈 통계나 숫자를 다룰 때 조심해야 할 것이, 자칫하면 그

대상도 숫자로 생각하게 된다는 거예요. 이 문제를 한 사람의 일상과 연결해서 생각해보면 어떨까요. 어린이집 하나가 문을 닫으면 원장님과 선생님들이 일자리를 잃게 되지만, 아이들 입장에서 보면 평범한 일상이 갑자기 사라지거나 침해를 받는 거잖아요. 정든 공간, 정든 친구들과 헤어지게 되는 거고요. 통계 수치 같은 데이터로 문제를 파악해서 해결책을 찾되, 이 문제가 지속됐을 때 가장 큰 피해를 입는 것은 아이들이라는 생각을 좀 더 깊이 해봤으면 좋겠습니다.

사교육걱정없는세상에서도 조만간 저출생 위기에 관한 포럼을 기획하고 있는데, 그 자리에서 꼭 뾰족한 대책이 나오지 않을 수도 있겠죠. 그래도 이런 시도들이 많아져야 한다고 봅니다. 시민단체에서 토론하는 자리를 만들고, 개인들의 모임에서도 이 문제를 공부하면서 이야기 나누고, 정부도 대책을 강구하고, 기업에서도 방안을 찾고. 그렇게 여러 주체가 관심을 갖고 문제를 공론화하는 게 중요할 것 같습니다. 당장 대책을 내놓지 못하더라도 머리를 맞대고 논의를 했으면 좋겠어요. 그렇지 않으면, 나중에 우리가 물려준 세상을 살아갈 아이들을 볼 낯이 없을 것 같아요.

홍인기 당장 해결책을 찾으려고 하기보다, 문제를 제대로 설정하는 작업부터 해야 한다고 생각합니다. 앞서도 이야기했지만 학급당 인원을 얼마큼 줄이는 게 좋을까에 대한 합의가 있어야 해요. 이 기준이 없으면 현장감이 없는 행정가들은 한 학급에 7~8명까지 줄일지도 몰라요. 작년에 대전의 어느 학교에 1학년이 40명 입학했는데, 학급 편성을 20명씩 두 반을 만들거나 13~14명씩 세 반을 만드는 방법이 있잖아요. 그런데 논의 기준이 아이들의 교육을 위해서 몇 명이 적당할까가 아니라 교사들 기준에서 몇 명을 배치하는 게 좋을까였다고 해요. 이건 누군가의 잘잘못이라기보다 우리가 한 번도 이런 질문을 던져본 적이 없기 때문이라고 봐요.

이런 현상을 내버려두면 가장 쉬운 선택은 아이들을 포함해 약자를 희생하는 방식일 겁니다. 노인층, 저소득층, 외국인 노동자들, 아이들…. 이런 약자들이 피해를 입는 구조로 사회가 움직일 거란 말이죠. 우리 같은 시민들이 모여서 얘기하는 것이 무슨 소용이 있을까 싶지만, 그래도 무언가는 해야 하지 않겠어요. 오늘의 논의가 이런 현실을 직시하고 문제를 수면 위로 끌어올리는 계기가 되면 좋겠습니다. ◼

왜 작은 학교는 더 작아지고
큰 학교는 더 커질까

이 슬 기

《민들레》 편집위원. 지금, 여기의 육아 문화에 관심이 많다.
『부모 되기, 사람 되기』를 함께 썼고, 『엄마의 죄책감이 내 면아이
때문이라고요?』(가제)를 출간할 예정이다.

서울 강서구의 한 초등학교 운동회

아이가 돌이 될 무렵부터 4년간 살았던 집은 12층 베란다에서
초등학교 운동장이 훤히 내려다보이는 '스쿨 뷰' 아파트였다.
아이의 지독한 감기로 집 밖을 한 발짝도 나가지 못하던 어느
날, 집 앞 초등학교가 떠들썩했다. 쿵작쿵작 음악 소리와 호루
라기 소리, "와" 하는 함성 소리…. 운동회가 시작되나 보다! 심
심했던 아이와 나는 베란다로 구경을 나갔다. 한 선생님이 호
루라기를 불며 학년별로 줄을 세우고 있었다. "자, 1학년 모이
세요! 자, 다음 2학년, 3학년…" 뭔가 이상했다. 이게 다라고?
이게 한 반이 아니고 한 학년이라고? 한 학년이라고 모인 아이
들이 채 스무 명도 되지 않았다.

2023년 이 학교의 전교생 수는 100명 남짓. 두 학년을 제외
하면 한 학년당 한 학급씩 있고, 학급당 학생 수는 12명이 채
안 되었다. 지난 15년 동안 학생 수가 4분의1 가까이 줄었다. 서
울의 아파트 단지 한복판에 있는 학교인데 왜 이렇게 적은 걸
까? 급격히 줄어드는 출산율의 영향이 크겠지만, 그것만으로는
설명이 부족하다.

이 학교는 서울시 강서구의 오래된 주공아파트 단지 사이에
있다. 오른쪽으로는 임대 단지가, 왼쪽으로는 분양 단지가 학교
를 감싸고 있는 구조다. 1995년에 입주한 영구 임대 단지의 대

다수 세대는 고령화되어 학령기 아동을 찾기 힘들다. 분양 단지의 부모들은 자녀를 이 학교에 보내기를 꺼린다. 임대 단지 아이들이 이 학교에 배정받는다는 이유에서다. 대부분은 아이의 초등학교 입학 전에 다른 곳으로 이사를 가거나, 위장전입을 해서 근처 다른 초등학교에 보내기도 한다. 임대 단지가 없는 10분 거리의 다른 아파트 단지의 초등학교는 재학생 수가 이 학교의 5배에 달한다.

이 학교의 재학생이 100명 남짓으로 줄어드는 동안, 비약적으로 커진 학교도 있다. 같은 강서구에 위치한 공진초등학교의 학생 수는 1,937명이다. 15년 사이에 6배 이상 늘어 서울시에서 두 번째로 학생 수가 많은 학교가 되었다. 가까이 있는 공항초등학교 역시 1,551명으로 4배 이상 늘었다. 공진초와 공항초가 위치한 마곡지구는 대기업이 유치되고 대규모 아파트 단지가 들어서면서 신도시로 개발된 곳이다. 넓은 도로와 잘 구획된 공원, 유기농 매장과 아이들 학원이 밀집해 있고, 강서구 내에서도 높은 집값을 자랑한다. 지역 정치인들은 선거철이 되면 마이크를 들고 외친다. "○○동도 마곡처럼 개발하겠습니다!"

저출산 시대에도 신도시에는 아이들이 넘쳐나고

대부분의 학교가 작아지고 심한 경우 폐교되기도 하는 가운데

서울양천초등학교
-468

서울방신초등학교
-264

서울곰진초등학교공립병설유치원

서울등여초등학교
-498

서울가양초등학교
-648

염강초(폐교)

-370

+1202

공진초

서울공고등학교
-289

서울에어초등학교
-639 서울등대초등학교
-574

유한초등학교

+1634

서울가로초등학교
128

서울백석초등학교
-653

서울염창초등학교
-490

서울염남초등학교

서울서조등학교

2008~2023년 서울시
강서구 일대 초등학교
학생 수 변화 지도.
가곡동(왼쪽)의 세 학교만
학생 수가 늘었다.
출처_《시사IN》 823호

어떤 학교는 오히려 커지는 현상은 내가 사는 지역만의 일이
아니다.

　지난해 주간지 《시사IN》에서 전국 초등학교들의 학생 수 증
감 현황을 디지털 지도°로 만들었는데, 이 지도는 2008년과 비
교해 학생 수가 감소한 학교는 노란색, 증가한 학교는 빨간색,
폐교한 학교는 검은색으로 표시했다. 수도권에서 멀어질수록
검은색이 많아지고, 수도권과 비수도권을 막론하고 노란색이
대다수를 차지하는 가운데 간간이 빨간색 점이 반짝였다. 지도
를 확대해보니, 이 빨간색 학교는 수도권 신도시나 대규모 재

● student.sisain.co.kr에 접속하면 전국 개별 초등학교들의 학생 수 증감 현황을 인터랙티브
지도로 확인할 수 있다.

건축 재개발 지역에 있다. 이들 학교의 학생 수가 천 명을 가뿐하게 넘는 것을 보며 신도시 사는 친구의 말이 새삼 떠올랐다. "이 동네는 어딜 가나 애들이 많으니까, 인구 감소가 심하다는데 남의 나라 얘긴가 싶을 때도 있다니까."

학생 수 증감 여부를 직관적으로 보여주는 이 지도로는 간과하기 쉬운 것이 있다. 2008년에 비해서는 감소했을지라도, 강남과 목동 등 소위 학군지라 불리는 지역에는 여전히 학생 수천 명이 넘는 학교가 압도적으로 많다. 서울시교육청 자료에 따르면 지난해 서울시 초등학교 중 학급당 28명 이상 과밀학급이 있는 학교는 13.2%(80개교)로, 이 중에서 서초·강남지원청소재 학교가 36.4%(19개교)를 차지했다.

대다수 지역에서 학생 수가 줄어드는 것과 별개로, 신도시나 재건축 재개발이 진행된 지역 그리고 학군지의 학교에는 아이들이 몰린다. 이러한 양극화 현상을 해결하기 위해 지난해 10월, 조희연 서울시 교육감은 '도시형 캠퍼스(분교)'* 설립을 추진하겠다며 이렇게 말했다.

"폐교 위기에 처한 소규모 학교가 증가하는 데 반해, 대규모 재건축·재개발이 일어나는 특정 지역은 오히려 학생 수가 증

● 통폐합 위기에 놓인 학교를 주거시설과 학교가 함께 있는 '주교 복합 형태의 새로운 도시형 캠퍼스' 모습으로 개편하거나, 인구 과밀지역과 교육부 학교 설립 기준에 학생 수요가 못 미치는 지역에는 '제2캠퍼스' 형태의 소규모 분교를 신설해 양극화 문제를 해소하겠다는 등의 계획이다.

가하고 있습니다. 이는 학교의 지속적인 과대·과밀, 원거리 통학 문제 등을 유발하며 서울 안에서 교육환경의 차이를 만들고 있습니다."

어떤 식으로든 교육적 개입이 필요한 상황임에 공감하면서도, 나는 학교의 양극화 현상이 '대규모 재건축 재개발'이라는 중립적 언어로만 해석되는 것에 아쉬움을 느꼈다. 물론 재건축 재개발로 주거지가 늘어나면 해당 지역에 학령기 자녀를 둔 가족도 자연스레 늘어날 테다. 하지만 인구 감소가 가파른 와중에도 일부 지역, 특히 신도시나 8학군지처럼 각광받는 지역에 아이들이 폭발적으로 몰리는 현상을 '대규모 재건축 재개발'이라는 단어로만 설명할 수 있을까? 왜 인구 감소는 이토록 불평등하게 작동하는 것일까?

균질적 집단에서 안전하게 자라길 바라는 욕망

"결혼이 중산층 이상의 문화가 되어가고 있어요." 김영하 작가가 한 프로그램에 출연해서 한 말처럼, 결혼과 출산은 이 시대에 일종의 특권이 되었다. 2010년부터 2019년까지 아이를 낳은 가구를 소득에 따라 나누어 비율 변화를 살펴보면[*] 저소득층

● 유진성. 「소득계층별 출산율 분석과 정책적 함의」, 한국사회과학연구 41.3 (2022): 233–258쪽.

(11.2% → 8.5%)과 중산층(42.5% → 37.0%)이 차지하는 비율은 줄어든 반면 고소득층(46.5% → 54.5%)이 차지하는 비율은 늘었다. 오늘날 태어나는 아이 중 절반 이상은 고소득층 자녀인 셈이다. 결혼과 출산을 선택하지 않는 것에는 높은 집값으로만 설명할 수 없는 여러 원인들이 있지만, 그런 상황에도 출산을 선택할 때는 좋은(?) 학군지의 높은 집값을 감당할 만한 여유가 있는 경우가 많다.

학군지의 높은 집값을 감당할 수 있는 정도가 아니라면, 구도심보다는 신도시의 대규모 아파트 단지를 선택하는 사람이 많아졌다. 신도시의 환경은 육아하는 이들에게 특히 매력적이다. 아파트 단지 안으로는 차가 들어오지 못하거나 차도와 인도가 명확히 분리되어 보행이 안전하고, 단지 안에 유아차를 끌 수 있는 산책길이 갖춰져 있으며, 아이가 킥보드나 자전거를 탈 수 있는 공원이 근처에 있다. 매력적인 요소는 더 있다. 대규모 아파트 단지는 '균질성'을 보장한다. 소득 수준과 생활 수준이 비슷한 이들이 모이고, 아파트 단지 안에 있는 초등학교는 아파트 단지 주민의 자녀로만 채워진다.

균질적 집단 속에서 아이를 키우는 것은 오늘날 젊은 양육자들의 강력한 욕망 중 하나다. 요즘 양육자들은 자녀 교육을 위해 이사를 결심할 때, '공부시키기 위해서'라고 말하지 않는다. '공부를 잘하지 못하더라도 비슷한 수준의 친구들 속에서 안정적으로 자라기를 바라서'라고 말한다. 전자의 목적을 세련되게 감추는 말이지만, 후자의 말 자체가 갖는 함의를 무시할 수는 없다. '대학 졸업장과 성실함을 바탕으로 삶을 일구어온 부모 밑에서, 자녀 교육에 신경 쓰는 분위기 속에서 자란 아이들은 성실하고 순할 것이다…' 이러한 기대는 아이를 안전하게 키우고 싶다는 욕망에서 비롯되는 것이지만, 더 깊은 곳에는 자신과 다른 환경에서 자란 이질적 존재에 대한 공포가 있다. '빌거'(빌라 거지), '휴거'(휴먼시아 아파트 거지), '월거'(월세 거지)라는 아이들 세계의 혐오 표현은 어른들의 공포를 학습한 결과다.

'작은 학교가 무섭다'는 새로운 서사

과밀학급은 부동산 시장에서 핫한 키워드다. 과밀학급이 있는 지역의 부동산이 가격이 상승할 가능성이 높기 때문에, 이 지역에 투자해야 한다는 것이다. 이 글을 쓰기 위해 '서울 과밀학급'을 포털에서 검색했을 때, 가장 많이 등장한 글 역시 교육 관계자가 아니라 부동산 투자자의 글이었다. 반면 작은 학교는 주거지로 선호하지 않는 지역에 많고, 이러한 학교의 재학생 수는 가파르게 줄어들고 있다. 2023년 폐교한 서울 광진구의 화양초등학교는 주변에 유흥시설이 많고 1인 가구 거주 비율이 높은 곳이었다. 2020년 폐교한 서울 염강초등학교는 임대아파트 비율이 높은 곳이었다.

최근 눈에 띄는 현상 중 하나는, '작은 학교를 보낼까, 큰 학교를 보낼까' 고민하는 지역 맘카페의 글에 자녀를 작은 학교에 보내고 만족하는 학부모의 경험담만큼이나, 그렇지 못한 학부모의 경험담이 활발하게 공유된다는 것이다. 작은 학교는 다양한 체험 활동이 가능하고 교사와 친밀한 관계를 맺을 수 있는 등 장점이 많지만, 기질적으로 맞는 친구를 찾지 못하거나 친구와 사이가 틀어져도 6년 내내 같이 생활해야 한다는 것이 부담으로 다가오는 듯하다.

전교생이 5명인 산골 분교에 발령받은 교사의 이야기를 다룬 영화 〈선생 김봉두〉가 개봉한 2003년은 획일화된 제도교육, 입시 위주 경쟁교육의 대항 담론으로 작은 학교 살리기 운동이 확산된 시기와 겹친다. '순박하고 해맑은' 아이들, 촌지를 받는 불량 교사가 아이들에게 감화되어 헌신적인 교사가 되는 줄거리, "술래잡기, 고무줄놀이"라는 가사로 시작하는 OST는 오랫동안 작은 학교를 대표하는 메타포로 쓰였다.

어떤 대상을 낭만화한다는 위험에서 자유롭지 못하지만, 〈선생 김봉두〉는 작은 학교의 가치를 매력적으로 보여주는 서사이기도 했다. 하지만 오늘날 양육자들은 이러한 서사를 예전처럼 쉽게 믿지 않는다. 어느 정도 규모일 때 교육적 효과가 높은가에 대한 고민, 공동체 안에서 부대끼는 것에 대한 거부감, 소비자 정체성의 확산 등등 여러 원인이 있을 것이다.

이제 작은 학교에 대한 서사는 조금씩 바뀌고 있다. 동료 교사가 적어서 과도한 업무 부담에 시달리는 교사, 학급 친구와 문제가 있어도 계속 같은 반에 있어야 해서 난감한 아이, 이미 형성된 학부모들의 관계 속에 끼어들지 못해 불편한 양육자…. '작은 학교가 아름답다'는 대항 서사가 어느덧 '작은 학교가 무섭다'는 또 다른 대항 서사로 바뀌고 있는 건 아닐까.

교육적 해법을 말하기 전에

재개발, 빈부격차와 대물림 등을 그린 김혜진의 소설 『불과 나의 자서전』은 1인칭 화자(홍이)가 사는 부촌 중앙동 옆, 달동네 남일동에 싱글맘 주해가 이사 오는 것으로 시작한다.

주해는 재개발을 비껴간 남일동을 감싸고 있는 무력감과 패배감에 주저앉지 않고, 집 앞 골목에 가로등을 설치해달라 민원을 넣기도 하고 동네 벼룩시장도 연다. 하지만 남일동의 재개발 소식에 주해의 활력은 어딘가 방향이 바뀐다. 분투 끝에 딸아이 수아를 중앙동 초등학교에 입학시키고서 아이가 '남민'(남일동에 사는 난민)이라고 놀림을 받고 와도 주해는 대수롭지 않게 말한다. "여기 개발되고 우리 아파트로 이사하면 나아질 거예요. 여기 남일동 일대가 달라지면 이런 일도 더는 없을 거고요."

재개발 아파트로 이사하고 나면 모든 문제가 해결될 거라는 주해의 바람은 끝내 이뤄지지 못한다. 재개발을 통해 상승하려는 욕망, 내가 상승하는 만큼 누군가를 분할선 밑으로 밀어내려는 욕망, 분할선 이편과 저편을 끝없이 가르려는 욕망, 그 욕망이 다름 아닌 가족의 사랑이라는 형태로 전수되는 과정…. 그 모든 것들을 '나(홍이)'는 외면하지 않고 응시한다.

큰 학교는 커지고 작은 학교는 작아지는 현상은 수도권 중심주의와 부동산 양극화, 계급에 따른 거주지 분화 등이 직접적으로 얽힌 문제이기에, 교육적 접근만으로 풀기 어렵다. 후기 자본주의의 불평등 심화를 고스란히 보여주는 이 장면에서만큼은, 윤리적 성찰이나 반성으로 바꿀 수 있는 일은 별로 없다. 다만, 지금 내가 서 있는 곳에서 일어나는 일들을 정면으로 바라보고자 하는 마음, "자기 응시를 통해 혐오를 비추는 불빛"(『불과 나의 자서전』 해설). 이것이 폐교 옆 과밀학급이 생기는 이상한 시대에 섣부른 희망이나 해법 대신 우리가 꺼내야 할 마음이 아닐까. ◼

줄어드는 아이들,
달라지는 학교

한 희 정

서울삼양초등학교 교사. 실천교육교사모임 대표를 맡았고, 『비고츠키
아동학과 글쓰기 교육』, 『초등학교 1학년 열두 달 이야기』 같은 책을 썼다.

12명의 아이들을 만나다

서울 강북의 다세대주택 밀집 지역에 자리잡은 우리 학교는 2004년 발령받았을 때만 해도 학년당 12학급에 학급별 학생 수가 32명이 넘었다. 전교생 2,300명에 교감 선생님도 두 분이었고, 교무실에서 교사회의를 할 때면 80개가 넘는 접이식 의자를 펼쳐야 했다. 2022년 이 학교에 다시 발령을 받고 보니 학년당 4학급, 학급별 학생 수는 평균 20명 남짓으로 2004년에 비해 5분의1 정도 규모였다. 학교 건물은 그대로이니 남는 교실 40여 개는 돌봄교실, 방과후교육, 교과전담교실, 독서활동실, 안전체험관 등으로 바뀐 상태였다.

올해 1학년 학생 수는 학급당 12~14명이다. 다른 학년이 최소 18명에서 24명인 데 비하면 훨씬 적은 수다. 1999년 첫 발령을 받았던 학교의 한 반 학생 수가 42명이었으니 절반 이상 줄어든 셈이다. 이번 학기 14명으로 시작한 우리 반은 한 명이 경기도로 전학을 가고, 또 한 명은 홈스쿨링으로 정원외 관리 중이라 현재 12명이 되었다.

"이게 말이 되나, 엄연히 초등학교의 학급당 학생 배치 기준이라는 게 있는데?" 하시는 분도 있을 거다. 그렇다. 2024년 서울시교육청의 초등학교 학급당 학생 수 배치 기준은 24명이다. 만 5세 유치원(공립 기준)은 20명, 중학교는 25명, 고등학교는

25명이다. 이 배치 기준은 1학년이 24명이면 한 반이지만 25명이면 두 반이 될 수 있는 재밌는 숫자다. 배치 기준에 따르면 우리 학교 1학년은 52명이니 3학급으로 편성되는 게 맞다. 그런데 올해 8월 입주가 시작되는 학교 인근 대단지 아파트가 우리 학구로 배정되었다. 2학기에 그 아파트 사는 학생들이 전학올 것을 감안해 미리 4학급으로 편성한 것이다.

아무리 그래도 12명이라니, 정말 상상해보지 못한 숫자다. 맨 처음 든 생각은 '12명이랑 뭘 하지? 뭘 하든 18명은 되어야 하지 않을까?'였다. 그런데 이런 우려는 이틀도 지나지 않아 싹 사라졌다. 12명이면 무엇이든 하기에 충분한 숫자였다.

모두의 이야기를 들을 수 있다

무엇보다 좋은 것은 아이들이 한눈에 다 들어온다는 것이다. 교실에 앉아 수업을 할 때도, 식당이나 체육관으로 이동을 할 때도 굽이굽이 줄줄이 사탕이 아니라 딱 돌아서면 12명이 한눈에 들어온다. 또 수업 중에 모두의 이야기를 듣는 데도 어려움이 없다.

내가 아주 중요하게 생각하는 배움의 모습 중 하나가 모두의 이야기를 듣는 것이다. 소위 말하는 발표 기회('돌아가며 말하기')를 모두에게 공평하게 주는데, 할 말이 없으면 '통과'를 외치고, 있으면 말하는 것을 원칙으로 한다. '아이들의 말꽃이 피는 교실'은 '내 목소리가 교실에 홀로 울리는 경험'이 부담스럽고 힘든 게 아니라 자연스럽고 편안한 것으로 여겨져 서로의 말에서 배움을 이어가고 확인하기 위한 것이다. 처음엔 어렵지만 어느 학년이든 한번 경험하면 당연한 규칙이자 문화가 된다. 그럼에도 아이들이 20명 넘을 때는 시간이 부족할까봐 늘 조마조마했는데, 12명이니 무슨 시간이든 돌아가며 다 말을 해도 부담이 없다. 그러니 한 명 한 명의 이야기를 더 많이 듣고 더 많이 생각하게 된다.

쉬는 시간에 평화가 찾아온다

지난해 학생 수가 19명이었을 때 꽉 차 보였던 교실이 지금은 평화로운 공원처럼 느껴진다. 몇 명은 2층 놀이실에서, 몇 명은 1층 쉼터에서, 몇 명은 평상 놀이터에서, 몇 명은 교실 한가운데 폴짝 뛰기 놀이판에서, 몇 명은 자기 책상에 앉아서 노는 쉬는시간과 점심시간이라니, 교직 생활 25년 동안 경험하지 못한 신세계다. 그렇다고 갈등이 없는 것은 아니지만 그 빈도가 낮고, 갈등이 생기더라도 하나하나 차근차근 이야기를 들어주면서 풀어갈 수 있다.

두려움 없이 에너지를 낼 수 있다

교사가 학생들에게 쏟을 수 있는 에너지는 한정되어 있는데

학생 수가 적다 보니 그 에너지를 넉넉하게 나눠줄 수 있어 만
족감이 든다. 학습지 피드백을 하거나 개별 지도를 할 때 도움
을 받기 위해 많은 아이들이 줄 서 있는 모습을 보면 마음이 조
급해졌다. 그런데 12명이랑 수업을 하다 보면 그중 도움을 요
청하는 아이는 서너 명이다. 나도 여유있게 "기다려, 선생님이
돌아가면서 알려줄게" 하고 차근차근 설명을 하거나 도움을 줄
수 있다. 그러니 아이들 한 명 한 명의 배움이 꽉 채워지고, 교
사는 덜 소진되고 아이들에게 미안한 마음도 덜해진다.

　작년에 비해 새로운 활동도 많이 시도하고 있다. 너무 힘들
것 같아 망설이다 포기했던 것을 시도해볼 여력이 생겼기 때문
이다. 점심시간에 학교 뒤뜰을 산책하며 봄 소식을 찾는 활동
부터 너무 어려워서 포기했던 여러 가지 조형활동이나 신체 표
현활동까지, 준비 과정이 복잡해도 '12개쯤이야' 하면서 도전
한다. 그렇게 도전하면서 나 역시 만족을 느끼며 성장의 보람
을 느낀다.

꿈의 교실인가

여전히 25명이 넘는 아이들과 씨름하는 선생님들, 혹은 10명도
안 되는 아이들과 단출하게 지내는 선생님들에게 이런 자랑이
무슨 소용인가 싶기도 하다. 그럼에도 올해 1학년 우리 반과 생

활하면서 겪었던 일들을 늘어놓는 이유는 학령인구 감소 시대, 우리가 꿈꾸던 교실의 모습을 어설프게나마 경험하고 있다는 확신 때문이다.

공립 초등학교 교실 면적은 $67.5m^2$로 약 20평 규모이다. 이 크기는 지난 40년 동안 한 번도 변하지 않은 것으로 알고 있다. 20평 교실에서 어느 반은 35명, 어느 반은 25명, 어느 반은 12명이 생활한다. 서울의 학생 배치 기준에 따르면 학생 한 명당 1평도 안 되는 공간을 허락하는 셈이다. 지난 40년간 아이들의 생활 모습은 강산이 네 번 바뀔 정도로 변했는데 교실 면적은 20평 남짓 그대로다. 요즘 아이들에게 교실은 나만의 공간을 허락하지 않는 너무 답답한 공간일지도 모른다. 학생당 교실 면적을 넓히는 방법은 학생 배치 기준을 낮추는 것이다. 20명 이하로만 낮추어도 교실에 여유가 찾아올 것이다.

학생 배치 기준을 낮추지 않아도 이미 감소 중이니 대책을 세워야 한다는 이야기가 들린다. 오히려 교사 과원이 문제가 될 거라는 지적도 나온다. 교사 과원 문제로 교원 수급 조정을 위해 배치 기준을 낮추면 안 된다는 주장도 있지만 이미 지속적으로 교과 교사 수를 줄이면서 수급 조정을 해왔다. 다만, 그간의 학령인구 감소 대책이 인구 추계 저위값이 아닌 중위값을 기준으로 마련되었고, 2020년 코로나 팬데믹을 기점으로 출생아 30만 명대가 너무 빨리 무너졌다는 변수 때문에 과원 교사 발생 및 신규 교사 선발 계획에 비상등이 켜진 건 사실이다.

꿈의 학교인가

다음 쪽 표는 미국 캘리포니아주 화이트오크초등학교(공립)와
서울의 한 초등학교(공립) 홈페이지 자료를 취합해서 학교 구성
원 수를 비교해본 것이다.

한국 학교는 학생 수가 100여 명 더 많은데도 교직원 수는
51명으로 미국 학교의 103명에 비해 절반 수준이다. 미국 학교
가 학생 수는 적은데 교사가 두 배라는 건 한국 학교에는 없는
전문가들이 그만큼 더 배치되어 있다는 뜻이다. 미국 공립 초
등학교의 유치원과 모든 학년에는 수업 보조 교사가 배치되어
있는데, 한국의 경우는 예산에 따라 언제 사라질지 모르는 임
시직 1명뿐이다. 미국 학교에 특수교육 교감과 부장이 배치된
것은 특수학급이 우리나라의 병설 유치원처럼 운영되기 때문
인데, 그럼에도 특수교사가 7명이나 된다. 유아 특수교사가 따
로 있고, 난독 지원을 위한 읽기 전문가, 언어치료사도 배치되
어 있다. 상담사가 2명이나 있고 심리학자도 있다. 학교를 순회
하면서 교실 상황이나 학생들의 행동을 모니터링하는 인력도
두 명이 있다.

물론 미국 학교의 정규직 교사는 12명이고, 한국은 그 두 배

화이트오크 초등학교	학교 구성원		서울○○ 초등학교
310	학생 수		405
103	교직원 수		51
1	교장		1
2	교감	교감 / 행정실장	2
5	유치원 교사		0
4	유치원 보조		0
19	1-6학년 교사		24
11	수업 보조	학습 튜터	1
1	특수교육 교감		0
1	특수교육 부장		0
7	특수교사		2
3	유아 특수교사		0
1	읽기 전문가		0
1	언어 치료사		0
2	체육 교사	교과 전담 교사	3
3	음악 교사		
2	미술 교사		
4	교실/학생 관찰자	학교 보안관	0
9	영재교육센터 교사		0
2	학교 상담사		1
2	영어 사용 지원 교사	다문화 강사	1
1	공공 건강 훈련 보조	스포츠 강사	0
1	학교 심리학자		0
2	학교 사회복지사		1
1	학생 정보지원사		0
1	기술 전문가	전산 실무사	1
1	시간제 교사		0
1	영양사		1
4	조리사		5
4	시설 관리자	시설 주무관	2
1	건물 관리자		
4	사무 보조	교무실무/행정지원	2
1	번역 및 기록 담당자		0
1	행정 보조	교육행정직	2
1	사서		1
3%	저소득층 비율		32%

미국 공립 초등학교와 한국 공립 초등학교의 구성원 수 비교

다. 높은 임금을 받는 국가 공무원인 교사가 교직원의 절반을 차지한다. 하지만 그에 대한 반대급부는 다양한 지원 인력 부족으로 나타난다. 한국 학교에는 다양한 특수교육 대상 학생들이 있고 그 비율도 증가하고 있지만, 그 아이들을 지원하는 수업 보조 교사는 학교당 1명이거나 0명이다. 그 공백을 사회복무요원이나 노인 일자리로 채우다 보니 언제나 수업보조 인력이 부족하다.

그런 교실에서 온전한 장애통합교육이 이루어지기는 어렵다. 이 어려움은 결국 특수교육 대상 학생과 학부모, 교과 수업을 담당하는 교사와 특수교사, 그리고 담임의 몫이다. 우리나라는 특수교육 대상자에게 치료 지원 바우처라는 것을 주는데, 보호자가 알아서 치료기관을 찾아 대기를 걸어놓은 후 예약이 완료되면 일주일에 몇 번씩 아이를 데리고 치료실을 오가야 한다. 아이의 어려움이 오롯이 가정의 책임의 책임으로 돌아오는 것이다. 반면 미국의 경우 특수교육 대상 학생은 학교에서 치료를 받는다. 물리치료사, 언어치료사, 작업치료사 등 전문가가 늘 학교에 있기 때문이다.

미국 학교에는 저소득층 학생 비율이 3%임에도 학교 사회복지사가 2명이나 있는데, 한국 학교에는 32%의 비율에도 단 한 명이 배치되어 있다. 단 한 명의 사회복지사가 120명이나 되는 학생들을 감당해야 한다는 말이다. 한국의 다른 학교도 사정은 비슷하다. 사회복지사(지역사회 전문가)가 1명이거나 심지어 0명인 학교도 있다. 화이트오크초등학교는 9~10명의 저소득층 학생을 지원하기 위해 사회복지사를 2명이나 배치했을까? 아닐 것이다. 3%의 학생 말고도 다양한 어려움에 직면한 학생들을 지원하는 것을 목표로 하고 있을 거라 짐작한다.

한 명의 아이가 소중한 시대의 교육

한국 사회는 사회경제적 지위에 따른 거주지 분화 현상이 급속도로 진행되고 있다. 서울의 강남과 강북을 비교할 필요도 없다. 강북 안에서도 다세대주택 밀집 지역의 학교와 아파트 단지 인근 학교 사이에 큰 차이가 난다. 대체로 학령인구 감소는 다세대주택 밀집 지역에서 두드러지게 나타난다. 그렇다면 그런 학교에 무엇부터 지원해야 할까? 나는 '전문 인력'이라고 생각한다. 우리나라는 해당학교에 관련 예산을 주고 인력을 알아서 구하라고 하면서 힘든 상황에 업무 부담을 두세 배로 가중시키고 있다.

아이들이 줄어들어 과원 교사가 늘어난다면 학급당 학생 수를 20명으로 줄이는 것을 우선으로 하되, 기존 교원을 다양한 전문가로 양성하고 활용할 필요가 있다. 예를 들어 서울시교육청이 시행하고 있는 행동중재전문 교사 양성과정 같은 것이 있다. 현직 교사 중 희망자를 선발하여 전문교육을 받은 후 과잉행동장애나 정서행동장애 등으로 어려움을 겪는 교실에 파견한다. 이들이 수업을 지원하고 어려움을 겪는 교사와 학생에게 문제해결의 실마리를 마련해주는 역할을 하게 하는 것이다. 이런 정책들이 마중물이 되어 다양한 전문가가 협력하고 공존하는 학교가 되길 바란다.

저출산고령사회위원회를 비롯한 정부 부처는 출생아 20만 명 시대를 대비하는 여러 정책을 실행하고 있거나 준비 중이다. 교대와 사범대를 통합해서 교원 양성 규모와 비용을 줄이고, 학령인구에 맞게 신규 교사 임용을 줄이고, 작은 학교들을 통폐합하고, 유치원과 초등학교 혹은 초등학교와 중학교, 중학교와 고등학교를 묶는 통합학교 혹은 이음학교도 시범 운영 중이다.

그러나 이것들이 얼마나 실효적인가를 다투기 전에 아이 한 명 한 명이 진짜 소중한 시대를 살고 있다는 깊은 자각이 오히려 현실적인 대책을 마련하는 길이 될 것이다. 이렇게 태어난 아이들을 우리는 어떻게 교육할 것인가를 먼저 논의하면 좋겠다. 미래학교 담론은 무성했지만 모두를 위한 꿈의 교실, 꿈의 학교를 이루어가는 데는 우리 사회가 얼마나 집중했었나! 의도한 결과는 아니지만, 새삼 12명의 아이들과 함께하는 우리 교실이 더욱 빛나 보인다. ◥

작은 학교에서
미래교육을 생각해봅니다

김 효 근

민들레 선집 『대안의 길을 찾는 교사들』 서문에 나오는 "발령 받은 지
일 년 만에 학교를 그만둘까 고민하던 앳된 얼굴의 초등교사".
5년이 지난 지금도 교사로 살아가고 있다.

"안녕하세요? 미래에서 온 초등교사 김효근이라고 합니다. 미래학교는 어떤 모습일지 궁금하시죠? 제가 알려드릴게요!"

글을 엉뚱하게 시작해보았습니다. 가볍게 쓰고 싶었기 때문입니다. 미래학교를 생각하면 마음이 좀 무거워지니까요. 미래학교에서는 아이들이 배우는 기쁨을 누릴 수 있을까요? 미래학교에서는 교육 주체들이 서로를 믿을 수 있을까요? 미래학교에서는 아이들이 자기 길을 찾을 수 있을까요?

요즘은 거기에 질문 하나가 더해졌습니다. "미래에 학교는 있을까요? 있기는 할까요?" 통계청이 2023년 12월에 발표한 장래인구추계에 따르면 10년 뒤 초등학교 학생 수는 지금의 절반으로 줄어듭니다. 그때가 되면 학교는 얼마나 남아 있을까요? 학교가 사라지면 그 학교 사람들과 마을 사람들은 어떻게 될까요?

저는 시골 초등학교에서 일하고 있습니다. 1학년부터 6학년까지 서른 명이 채 안 되는 작은 학교입니다. 전교생 수를 다 합치면 도시 학교의 한 학급쯤 되는 셈이지요. 학령인구가 계속 줄어드는 걸 생각하면, 도시의 큰 학교가 앞으로 겪을 일을 미리 경험하고 있다고도 볼 수 있습니다. 저는 사람들이 걱정하는 것처럼 미래는 도둑같이 오지 않을 것 같습니다. 오히려 미래는 초대받은 손님처럼 지금 어디까지 왔으며 언제쯤 도착할지, 자기가 어떤 차림이며 어떤 존재인지 우리에게 알려주고 있는지도 모릅니다. 미래를 먼저 겪고 있는 작은 학교들의 소리에 귀를 기울여야 하는 이유입니다. 이 글이 '미래'라는 손님을 맞이하는 데 조금이나마 도움이 되기를 바랍니다.

뭐가 됐든 학생들이 먼저라요

아침 7시 50분. 저는 한 정류장에서 학교로 가는 마을버스를 기다립니다. 마침 '낙서초등학교'라고 적힌 우리 학교의 노란색 통학버스가 지나갑니다. 통학버스 기사님과 가볍게 인사합니다. 이 버스는 시내에 사는 학생들을 태워서 변두리에 있는 우리 학교로 데려다줍니다. 우리 학교는 자유학구제●라서 시내에 사는 아이들도 주소를 이전하지 않고 다닐 수 있습니다.

　통학버스가 지나가고 얼마 안 돼서 730번 버스가 도착합니다. 저는 보통 이 버스를 타고 학교에 갑니다. 아이들과 함께 통학버스를 타지 그러냐고 하실 수도 있겠습니다만, 통학버스는 아이들을 태우느라 이곳저곳 들러야 해서 한 시간 정도 뒤에야 학교에 도착합니다. 반면 730번 버스는 타는 사람이 거의 없어

● 작은 학교 학구를 큰 학교 학구까지 확대 지정하여 큰 학교 학생들이 주소 이전 없이 작은 학교로 전입할 수 있는 제도.

서 20분도 안 걸려 학교에 도착합니다. 저는 조금 일찍 학교에 가서 해야 할 일이 있기 때문에 이 버스를 탑니다.

730번 버스를 타는 사람들은 대부분 어르신들이거나 우리 학교에서 한 정류장 거리에 있는 내서중학교로 등교하는 중학생들입니다. 이 버스는 학생들을 위해 노선도 바꿨습니다. 원래는 낙서정류장 이후 갈림길에서 화동 방향으로 내려가야 하는데 등교시간에는 학교까지 올라갔다가 다시 돌아 나옵니다. 가끔 할머님들께서 학교 쪽으로 올라가는 버스에 당황하며 물으십니다.

"기사님, 이 버스 화동 안 가요?"

"가요. 학생들 학교에 델따주고(데려다주고) 가요."

"아, 예. 헷갈리 가(헷갈려서요)."

"할매들보다 학생들이 먼저라요."

"할매 아니거든요!"

"할매 아니면 뭐라요?"

"좀 나이 든 아줌마거든요!"

"뭐가 됐든, 학생들이 먼저라요."

선생님, 갑시다. 공부하러

학교에 도착하면 8시에서 8시 20분 사이입니다. 교무실에 들러

늘 저보다 일찍 오시는 교무부장님께 인사를 드리고 우리 반인 2학년 교실로 갑니다. 교실 불을 켜고 아이들 맞이할 준비를 합니다.

맛있는 냄새가 솔솔 납니다. 이미 학교에 도착한 아이들이 우리 반 옆에 있는 돌봄교실에서 아침을 먹고 있기 때문입니다. 학교에서 아침을 먹는 아이들은 대부분 우리 학교 학군에 사는 아이들입니다. 그래도 걸어서 오기에는 먼 거리라 학교와 계약한 택시를 타고 옵니다. 일찍 온 아이들을 반갑게 맞아주고 아침을 차려주실 분이 필요했는데, 감사하게도 한 학생의 보호자님께서 그 일을 맡아주셨습니다.

자리에 앉아 하루를 준비하고 있으면 우리 반 사랑이(가명)가 다가와 말을 겁니다.

"선생님, 갑시다. 공부하러."

제가 조금 일찍 학교에 와서 해야 할 일이라는 게 바로 사랑이와 함께 공부하는 것입니다. 사랑이는 한글 음소 인식을 어려워합니다. 예를 들어 자기는 '두더지'를 쓴다고 썼지만 '누너지'라고 쓰는 것입니다. 사랑이는 평소에는 참 밝은데 일기를 쓰거나 받아쓰기 시험을 칠 때면 얼굴이 어두워지곤 합니다.

학교 말고는 사랑이가 한글을 배울 수 있는 곳이 마땅치 않습니다. 학교 주위에 학원도 없고, 부모님도 농사일로 바쁘십니다. 그래서 매일 8시 30분부터 9시까지 사랑이와 한글 공부를 하고 있습니다. 한글 공부는 매일 꾸준히 하는 것이 좋다고 합니다. 방과 후에는 학교 행사나 교사 회의가 있어서 꾸준히 공부하기 어렵습니다. 사랑이도 방과 후에는 친구들과 뛰어놀고 싶어 합니다. 그래서 아침마다 공부하고 있습니다.

우리나라 교육은 흔히 '한 아이도 포기하지 않는 교육'을 말하지만 현실은 쉽지 않습니다. 한 학급에 학생 수가 많은 학교에서는 교사가 학생 한 명에게 쏟을 수 있는 힘이 분산됩니다. 하지만 학생 수가 적은 학교에서는 그래도 교사가 학생 한 명에게 좀 더 집중할 수 있습니다. 저 역시 사랑이에게 한글을 잘 가르쳐보고자 한글지도 관련 연수를 찾아서 듣는 중입니다. 배움찬찬이연구회*에서 정기적으로 지도를 받으며 전문성을 기르려고 노력하고 있습니다.

이것 외에도 작은 학교의 장점은 학년을 넘나들며 드러납니다. 우리 학교 선생님들과 아이들은 서로의 이름을 잘 압니다. 6학년 선생님이 2학년 아이들과 점심시간에 축구를 하기도 하고, 축구를 하다가 넘어진 2학년 아이를 4학년 선생님이 치료해주기도 합니다. 두 달에 한 번씩 전교생이 모여서 그 사이 생일이었던 아이들을 축하해줍니다. 선배가 후배를 챙기고 후배가 선배에게 달려가 안기는 것이 자연스럽습니다. 온 학교가

● 학습의 어려움이 있는 다양한 학습자에 대한 이해를 바탕으로 기초학력 지도 방법을 연구하고 실천하는 자발적 교사 연구모임.

한 아이를, 서로가 서로를 돌보고 있는 셈입니다.

철부지 교사와 철든 아이들

사랑이와 한글 공부를 끝내고 교실로 가면 9시입니다. 이때부터 9시 20분까지는 아침활동 시간입니다. 요즘은 월요일, 수요일, 금요일마다 운동장으로 나가 아침운동을 하고 있습니다. 달리기도 하고, 자전거도 타고, 축구도 합니다. 이제 곧 열리는 육상대회도 준비합니다. 대회에서 상을 받는 것이 목표가 아닙니다. 많은 학생들이 모이는 대회에 참여해보는 것만으로도 우리 학교 학생들에게는 좋은 경험입니다.

  운동 이야기가 나와서 덧붙이자면, 토요일마다 학교 체육관에서 배드민턴 교실을 열고 있는데, 내서중학교 학생과 보호자도 함께 참여합니다. 우리 학교와 내서중학교는 경북형 공동교육과정을 운영하고 있어서 토요 배드민턴 교실 같은 몇몇 사업을 함께하고 있기 때문입니다. 작년에 배드민턴을 처음 배운 아이들이 이제는 제법 공을 주고받을 수 있게 되었습니다. 간식을 준비하는 일이나 수업 후 뒷정리를 우리 학교 보호자님이 맡아주셔서 담당교사는 크게 부담이 없습니다.

  아침활동 시간이 끝나면 정규 교육과정 수업을 시작합니다. 인원이 많은 학년은 아홉 명, 적은 학년은 두 명이 교실에 앉아서 수업을 합니다. 적은 아이들과 함께하는 수업은 도란도란 재미있지만 한편으로는 아쉽기도 합니다. 교사로서는 아이들이 서로에게 배우기 어렵다는 점이 가장 아쉽습니다. 그래서 비슷한 내용을 배우는 학년들이 모여서 수업을 하거나 어린이 회의와 같이 전교생이 모이는 활동도 일주일에 한 번 이상은 합니다.

정규 수업이 모두 끝나도 곧바로 집에 가는 아이는 없습니다. 모두 학교에 남아서 방과후 수업을 합니다. 요리, 무용, 농구, 미술, 공예, 바이올린, 피아노, 창의놀이 등 다양합니다. 도시 아이들이 학원에서 하는 경험을 학교 방과후 수업에서 채울 수 있게 돕습니다. 방과후 수업이 끝나면 돌봄 선생님과 함께 돌봄교실뿐 아니라 운동장, 체육관 등 학교 곳곳에서 놉니다. 그리고 시간이 되면 통학버스를 타고 하교합니다.

철 따라 학교 밖으로도 많이 나갑니다. 봄에는 봄나들이, 자전거 기행, 모종 심기, 여름에는 바닷가 체험, 텃밭 가꾸기, 가을에는 시 콘서트, 작물 수확하기, 겨울에는 스키캠프 등 계절에 어울리는 활동을 하려고 노력합니다. 그러다 보니 아이들이 철을 느낄 줄 압니다. 교사가 얘기하지 않아도 봄철에는 봄에 대한 이야기를 일기로 씁니다.

철이 든다는 것이 그런 의미가 아닐까 어렴풋이 생각합니다. 지금 어느 철을 지나고 있는지, 어떻게 살아야 제철에 맞게 사는 것인지 아는 것. 돌아보면 학창 시절의 저는 철을 모르는 철부지不知로 살아왔습니다. 저에게 학교는 달리기하듯 살아내야 하는 공간이었기 때문입니다. 옆 사람보다 더 빨리 뛰어야 하는 달리기에서 철을 느낄 여유는 없었습니다.

올해 4월에는 생태 동화 작가님을 모시고 아이들과 이야기를 나눴습니다. 작가님 말씀 중에 '지구온난화로 철새들이 텃새가 되어간다'는 이야기가 기억에 남습니다. 겨울이 되면 따뜻한 남쪽 나라로 떠나야 하는데 이곳의 겨울도 따뜻하다 보니 떠나지 않는 것입니다. 그 말씀을 듣고 저는 뜨끔했습니다. 혹시 제가 지구온난화 같은 교육을 하고 있는 것은 아닌지, 철새 같은 아이들을 텃새처럼 길러온 것은 아닌지, 따뜻하기만 한 교실 안에서 달리기를 가르쳐온 것은 아닌지 찔렸던 것입니다.

오늘도 철든 아이들은 철부지 교사의 손을 잡고 말합니다. "선생님, 나가서 산책해요!"

낙서가 지워지더라도, 작은 학교가 사라질지라도

저는 작년에 낙서초등학교로 왔습니다. 지난 한 해는 많이 힘들었습니다. 걸어서 5분 거리에 있는 학교를 두고 버스로 20분 걸리는 이 학교를 다니는 것도, 모든 아이에게 힘을 집중해야 하는 것도, 학교에서 아이 보호자님들과 자주 마주치는 것도,

교실 밖으로 자주 나가는 것도 저에게는 익숙하지 않았습니다. 우리 반 아이들이 두 명 결석했을 뿐인데 교실이 텅 비었을 때는 '내가 여기서 뭘 하고 있는 걸까?' 하는 생각도 들었습니다.

시내 학교의 아이들은 비용을 내고 서울로 수학여행을 가는데, 우리 학교 아이들은 비용을 전혀 내지 않고 제주도로 수학여행을 가는 모습에 '이건 오히려 역차별이 아닐까' 싶다가도 '이렇게라도 하지 않으면 작은 학교로 아이들이 찾아올까?' 하는 생각에 답답했습니다. 큰 학교 입장에서는 이해할 수 없고, 작은 학교 입장에서는 어찌할 수 없는, 마치 동전의 양면과 같은 문제를 두고 갈등했습니다. 혼자서는 답을 내릴 수 없어서 우리 학교에서만 10년 가까이 일하고 계신 교무부장님께 질문을 드렸습니다.

"부장님. 부장님은 왜 우리 학교에 헌신하고 계세요? 왜 이런 학교가 필요하다고 보세요?"

"우리 학교가 아니면 어려운 아이들이 있잖아요. 우리 학교가 없어지면 시내에서 먼 곳에 태어났다는 이유만으로 장거리 통학을 해야 하는 아이들이 생길 거예요. 저는 그 아이들에게 적어도 학교를 선택할 수 있는 기회를 주고 싶어요."

부장님의 말씀은 우리나라 교육을 꿰뚫는 것 같았습니다. '말은 나면 제주도로 보내고 사람은 나면 서울로 보내라'는 말처럼 중심지가 아니면 뒤처진다는 생각이 우리 교육을 뒤덮고 있는 듯합니다. 대학 입시 결과는 이런 생각을 탄탄하게 뒷받침하고 있습니다. 강남 3구(서초, 강남, 송파)의 고등학생 수는 대한민국 전체 고등학생의 3.2%밖에 되지 않지만, 이들이 의대 정시 등록률의 23%, 서울대 정시 등록률 18%를 차지하고 있습니다.• 이렇다 보니 지방보다는 수도권으로, 가장자리보다는 한복판으로, 작은 학교보다는 큰 학교로 아이를 보내는 움직임이 두드러집니다.••

맹자의 어머니가 아들을 가르치기 위하여 세 번이나 이사를 했다는 말처럼 아이들을 생각하는 마음이 만들어낸 이러한 흐름이 꼭 나쁘다고 말하기는 어렵겠습니다. '지방에서, 가장자리에서, 작은 학교에서 우리 아이 인생을 책임져줄 수 있느냐'는 질문에 말문이 막히기도 합니다. 다만 이 큰 흐름 속에서 작은 학교는 그저 존재함으로 질문을 던지고 있는 것만 같습니다.

'시내에서 먼 곳에서 태어났다는 이유만으로 멀리 시내 학교까지 통학해야 하는 아이들'을 우리는 너무 쉽게 잊는 것이 아닐까요. 효율성이 교육의 가치를 결정하는 가장 중요한 잣대일

● 사교육걱정없는세상, '최근 4개년(2019~2022) 서울대 및 전국 의대 신입생 출신 지역 분석 보도', 2023. 5. 9.

●● "경기도의 경우 유일하게 학생 수가 증가했는데, 이는 지역 간 학생 이동과 관련이 있었다. 최근 20년을 4기간으로 구분했을 때, 경기도는 충청남도와 함께 모든 기간에 학령인구가 증가한 지역인데, 충청남도가 20여 년간 순유입과 유출의 편차에서 얻은 학령인구 규모가 11,000여 명에 불과한 반면, 경기도는 16만 명 이상이나 되어 상당한 편차를 나타냈다." (양희준 외, 『지방 소멸 시대의 농촌 교육』, 학이시습, 2022)

까요. 돈과 안정성이 직업을 판단하는 가장 중요한 잣대인가요. 어린 시절의 우리들을 살린 것은 무엇이었나요. 우리 아이들을 살릴 것은 무엇일까요. 입시 성적일까요, 사랑받은 경험일까요. 어쩌면 우리는 점점 더 미래를 예측하기 어려운 시대를 살아가며 속도보다는 방향이, 방향보다는 용기가 훨씬 중요함*을 이미 실감하고 있지 않은지요.

교육이라는 책 귀퉁이에 적힌 낙서 같은 질문들은 책을 빠르게 읽어나가기 바쁜 사람들에게 걸림돌이 될 수도 있다고 생각합니다. 언젠가는 바쁜 사람들에 의해 낙서가 지워질 수도 있겠지요. 지워질 때 지워지더라도 '교육'이라는 책을 읽는 사람들에게 여운을 남길 수 있는 낙서로 기억되면 좋겠습니다. 비싼 펜으로 써서 지우기 힘든 낙서가 될 수도 있습니다. 옆 학교보다 많이 주는 입학지원금, 학교를 다니기만 해도 주는 장학금, 돈 많이 들여서 지은 건물과 같은 낙서들입니다. 하지만 그런 낙서들보다는 담고 있는 내용이 소중해서 지우기 아까운 낙서가 되기를 바랍니다. 그래서 미래에 교육이라는 책이 개정될 때는 그런 낙서가 참고가 될 수 있기를 바랍니다. ◼

● 이수진 · 정신실, 『학교의 시계가 멈춰도 아이들은 자란다』, 우리학교, 2019.

소멸하는 지역대학, 새로운 길을 찾을 수 있을까

이 현 호

지역대학에 몸담고 있다. 사회 현상의 많은 원인이 교육에서 비롯된다고 생각해 이따금 이에 관한 글을 쓴다.

대학교수의 고민

얼마 전, 서울에 있는 모 대학의 교수님과 담소를 나눌 기회가 있었다. 교수님은 학생들의 진로에 대한 고민을 털어놓으셨다. 소위 말하는 '인서울' 학교로서 학업을 놓지 않은 학생들을 열심히 교육해 상위권 대학원으로 보내봤지만 성과가 좋은 경우는 드물다고 했다. 전문가 양성 중심으로 커리큘럼을 운영하다 보니 이를 따라오지 못해 취업 준비가 제대로 안 된 학생들이 학원강사로 빠지는 케이스가 많아 허탈감을 느낀다고도 하셨다. 최근에 본인이 관심을 가지고 진행해온 AI교육에 대한 경험도 들려주시면서 변화에 직면한 학과의 운명에 대한 이야기도 하셨다. 요즘 주목받는 데이터 과학이 매우 매력적인 분야이긴 하지만 임의로 주어진 데이터를 분석하거나 해석하고 설명하는 데이터 과학자를 양성하는 과정은 결코 쉽지 않다.

그 고민이 그리 새로운 이야기는 아니었다. 지역대학의 수학과에 재직하는 나는 이미 2, 3년 전부터 같은 고민을 해왔다. 물론 출발점이 좀 다르긴 하다. 그 교수님의 고민은 학생들이 취업 준비를 더 잘해서 현실적인 직업인이 되기를 바라는 데서 시작되었다면 지역대학의 경우 그러한 현실에 더해 또 다른 고민이 있다. 대학원 진학과 임용고시 등에 맞추어진 고학년 커리큘럼을 따라오지 못하는 다수의 학생들이 많다 보니 시대의 변화에 맞추어 학과명을 변경하고 실용성을 살려 커리큘럼을 개편해야 한다는 주장이 내부에서 제기되었다. 저학년 때는 기초를 다지고 3, 4학년 때 인공지능과 기계학습에 중점을 두는 식으로 교육과정 개편을 협의하느라 연구는 뒷전이었다.

수도권 학생과 지역 학생의 학력 격차가 더욱 커지고 있는 것도 고민이다. 지역대학에 남거나 서울에 살지만 지역대학을 택한 학생들의 학력은 수도권 대학에 진학한 학생들과 수학 실력만 놓고 봐도 2등급 이상 차이가 나는 경우가 많다. 자의든 타의든 지역대학에 입학한 이 학생들을 데리고 수도권 대학과 비슷한 교과과정을 운영하는 것이 경쟁력이 있을까. 이는 어떤 결과를 낳을까. 고민하지 않을 수 없다.

사라진 대학들

지역대학 위기론은 과거 박근혜 정부에서 대학구조조정평가●를 통한 정원 감축 정책을 추진하면서 수면 위로 부상하였다. 당시에도 학령인구 부족 문제가 심각하게 대두되자 교육부는 평가를 통해 입학정원 감축을 추진하고, 이를 달성한 대학에

● 학령인구 감소에 대비해 정원 감축과 더불어 경쟁력 없는 대학을 평생교육원 또는 기타 시설로 전환하여 지역사회에 기여한다는 목적을 가지고 있었으나 평가에 반영되는 지표 등에 논란이 있었다.

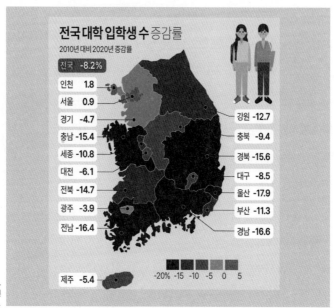

전국 대학 입학생 수 증감률
2010년 대비 2020년 증감률

전국 -8.2%
인천 1.8
서울 0.9
경기 -4.7
충남 -15.4
세종 -10.8
대전 -6.1
전북 -14.7
광주 -3.9
전남 -16.4
제주 -5.4

강원 -12.7
충북 -9.4
경북 -15.6
대구 -8.5
울산 -17.9
부산 -11.3
경남 -16.6

-20% -15 -10 -5 0 5

출처_
한국지방행정연구원

대해 정부가 지원하는 방식을 도입했다. 문재인 정부를 거치면서 지역과 수도권에 대한 개별적 평가방식을 도입하고 '기울어진 운동장'에 대한 보완책을 추진했지만 이른바 '조국 사태'에 따른 수시입학 축소와 정시 확대라는 이슈에 밀려 대학 정원 감축이라는 교육부 대응은 큰 성과 없이 끝났다.

　2023년 3월에 보도한 《고대신문》 기사 내용을 보면 지금까지 학생 미충원 등의 이유로 폐교한 대학은 건동대(2013), 경북외대(2014), 대구 미래대학(2018) 등이며 법인이 파산 상태에 이르러 강제 폐쇄된 대학은 10여 개에 이른다. 올해 2월, 강원도

태백에 위치한 강원관광대학교가 문을 닫은 것까지 포함하면 2000년 이후로 22개 대학이 사라졌다. 이는 1990년대 이후 과도하게 늘어난 부실 사립대학들이 정리된 것이라고도 볼 수 있다. 하지만 문제는 재정이 건전한 대학마저도 학령인구 감소와 학생들의 이탈(재수, 편입학, 자퇴)로 인한 등록금 수입 감소, 휴학으로 인한 학사운영의 어려움, 비정규직 일자리의 증가로 인한 취업률 저하 같은 문제에 직면하고 있으며 여러 비인기 학과들이 통폐합되거나 폐과가 되는 등 진통을 겪고 있다는 점이다.

많은 전문가들이 지적하듯 지역대학의 소멸은 시간문제일 뿐, 예견된 미래다. 2040년에는 대학에 진학하는 인원이 30만 명 이하가 될 것으로 예상하는데, 현재 47만여 명인 대학 신입생에 비추어보면 무려 17만 명의 미충원이 발생한다. 이로 인해 지역대학들 절반이 문을 닫을 것이며, 이는 지역의 청년인구 유출을 가속화해 지역소멸을 앞당길 것으로 전문가들은 예상한다. 지금도 5천만 인구의 절반이 수도권에 몰려 있는 기형적 비대칭 상황에서, 이는 지역의 앞날에 더욱 어두운 그림자를 드리우는 것이다.

인구 감소 말고 내부적 원인은 없을까

과거에는 지역거점 국립대학인 부산대, 경북대, 전남대 등이 서울의 사립대들보다 더 선호되던 시절이 있었다. 등록금이 상대적으로 낮아 가정 형편이 어려운 우수한 인재들이 이 학교들로 많이 진학했다. 이 시기는 중화학공업 및 제조업 위주로 수출이 폭발적으로 증가하던 때이며, 외국에서 기술을 제공받아 오늘날의 동남아와 중국처럼 저임금에 기반한 위탁생산을 한국이 도맡아 하던 시기였다. 이러한 지역 기업들의 재무, 회계, 현장관리 등 다양한 관리직군과 기술직군에 지역대학에서 배출된 인재들이 진출하여 임원이 되는 경우가 늘어나면서 지역사회에서의 영향력이 유지되던 시기이기도 하다.

그러나 1990년대 초·중반부터 큰 규모의 공장들이 중국과 베트남 등지로 이전하면서 지역 산업이 위축되자 지역대학 출신자들의 수요도 줄어들게 되었다. 제조업의 위축으로 지역의 인구유출이 일어나고, 교육이나 행정 수요도 줄어드니 대학 졸업자들은 더욱 갈 곳이 없어졌다. 이에 더해 관광, 의료, 금융, 핀테크 같은 서비스 산업 위주로의 재편이 늦어지면서 지방도시에 남아 있는 사람들의 고용과 급여 수준은 수도권과 더욱 벌어지게 되었다. 결국 수도권과 지역도시와의 고용지표, 소득수준의 격차라는 객관적 현실이 지역대학을 졸업한 학생들이 수도권으로 향하게 되는 현상의 기저 원인이다.

그렇다면 공장이 건재한 도시들은 괜찮은 걸까? 전혀 그렇지 않다. 기본적으로 공장에 고용되는 이들은 주로 소수의 숙련 노동자들과 하청업체에 속한 다수의 비숙련 노동자들이다. 특히 저임금의 비숙련 노동자들은 오늘날 거의 외국인으로 채워지고 있다. 지역에 일할 사람이 없다고, 중소기업에서 사람을 구하기 힘들다고 하지만 이들이 구하는 노동자들은 (한국인 중에) 저임금으로 일할 단순 사무직 혹은 노무직 종사자이다. 또한 이러한 일자리들은 경기의 영향에 따라 쉽게 없어질 수도 있어 대학 졸업자들이 기피하는 것은 당연한 일이다.

만약 급여가 높은 숙련 노동자들이 도시 인구의 반 이상이면 어떤 현상이 벌어지게 될까. 이들 입장에선 자식이 자신의 안정적인 위치를 승계하길 바랄 것이며, 이를 위해 중요한 것은 자신의 경험이나 노하우의 계승이다. 상대적으로 고등교육에 대한 열망은 적고 여가시간을 보낼 때도 쇼핑이나 대중음악 같은 쪽으로 지출하다 보니, 지역에는 다양한 문화적 인프라를 키울 동력이 사라지게 된다. 결국 이러한 현상은 지역대학의 인문, 자연, 사회, 예술대학 졸업생들의 일자리 부족을 심화시켜 학생들을 더욱더 수도권으로 향하게 할 것이다.

지역소멸과 지역대학

이처럼 오늘날 지역대학이 위기에 처한 이유는 인구 감소라는 대외적 환경의 변화가 주요 원인이지만 내부적으로는 혁신에 대한 정책 구상이 실현되지 못했기 때문이기도 하다. 이는 그 동안 교육부가 반값 등록금 정책을 대학지원 사업들과 연계하면서 등록금 의존도가 높은 대학들을 강하게 통제하는 수단으로 활용했기 때문이다. 정부 지원 사업을 포기하더라도 등록금을 인상해 이를 메울 수 있는 서울의 일부 사립대를 제외한 대부분의 지역 국공립대는 독자적 마스터플랜 없이 수십 년째 멈춰 있다고 해도 과언이 아니다. 서울의 사립대들이 발전기금을 모으기 위해 기업 임원들을 찾아다니고 동문회 조직을 전략적으로 키우는 동안, 지역대학들은 지역적 한계를 체감하면서도 여전히 정부 지원에 기대는 것 외에 다른 출구를 찾지 못하고 있다.

지역대학의 문제는 지역소멸과 밀접한 관련이 있기 때문에 교육부와 정부는 지역발전과 연계한 전략적 지원을 통해 지역과 대학의 동반성장을 추진하고자 대학 지원사업 예산을 지방정부 소관으로 옮겼다. 이에 지방정부는 미래발전전략에 부합하는 사업을 대학들과 협의하고, 대학들이 지자체의 승인을 거쳐 예산을 집행하는 방식의 거버넌스를 구축했다. 또한 교육부는 '글로컬대학30' 사업을 통해 흩어져 있는 국립대학들의 통합을 유도하고 연구, 교육, 문화적 인프라가 우수한 대학을 선정해 지역의 성장과 발전을 견인할 수 있도록 파격적 지원을 약속했다.

글로컬대학30은 서울과 수도권을 제외한 지역대학 30곳을 선정해 5년간 1천억 원의 예산을 지원해주는 사업으로, 지역대학들 사이에서는 공개적인 '살생부'로 알려져 있기도 하다. 이 사업에 탈락하는 경우 경쟁력 없는 대학으로 낙인 찍힐 수 있고, 정부의 예산 지원을 장담할 수 없어 등록금 의존도를 더 높여야 하는 등 부작용도 만만치 않을 것이란 우려 때문이다. 또한 덩치가 큰 국립대와 대형 사립대가 절대적으로 유리하다고, 많은 중소규모 대학들이 볼멘소리를 냈음에도 '선택과 집중'을 내세운 정부는 글로벌 경쟁력과 혁신적 실행력을 가진 대학들을 우선 지원하고, 탈락한 대학들에는 따로 정부의 배려가 있을 것이라는 짤막한 답변을 내놓았다.

하지만 세수 부족으로 국가 채무가 늘고 있는 상황에서 탈락한 대학들을 위한 정부의 교육예산 책정은 장담할 수 없다. 결국 작은 규모의 대학들이 억울한 처지에 놓일 가능성이 커졌다. 그럼에도 정부는 지역을 살리는 정책의 일환으로 지역대학 살리기의 중요성을 강조했고, 글로컬대학30을 통해 지역대학과 지자체가 적극적으로 협력하도록 변화를 도모했다.

지역대학, 변화의 방향

결국 지역대학의 변화를 위해선 각 지역의 특성에 맞는 발전

방안이 필요한 상황이다. 특화된 산업을 중심으로 생존을 모색하는 '다양성'이란 키워드가 이 변화의 핵심일 것이다. 이미 용인, 평택 등 수도권에 IT와 반도체 소재 기업들을 집약시켜 시너지 효과를 기대하는 전략을 정부가 수립한 마당에 각 지역들이 이와 유사한 산업을 유치하려고 노력하기보다는 기존의 인프라를 바탕으로 차별화된 구상을 해야 한다. 미래에 수요가 예상되는 로봇, 의료기기, 미래 먹거리, 대체에너지, 친환경 수소산업, 우주항공, 자율주행과 연관된 다양한 산업을 독자적으로 키우는 모델과 이를 위한 고급인력을 양성하는 모델이 필요하다. 이러한 시너지 효과를 실현하는 구심점으로 대학이 지자체와 협력하는 사업이 글로컬대학30이라고 볼 수 있다.

만약 해당 지역에 기업 인프라가 부족하다면 필요한 산업을 유치하거나, 혹은 규모가 큰 기업의 본사를 이전하는 것을 생각해볼 수 있다. 이를 중심으로 상호협력 관계의 지역경제 블록화를 추진하고, 중앙경제에서 독립된 하나의 완성된 지방자치를 유지하는 것이 필요하다. 또한 해당 지역의 정치, 생태, 문화 발전을 이루는 데 필요한 지식 플랫폼으로서의 지역대학 역할을 확대해 지역민들부터 그 가치에 대하여 재고하게 해야 한다. 그래야 지역민들도 지역대학을 살리고 보호하는 데 앞장설 것이다.

이런 가운데 대학이 유념해야 할 것은 기존의 것들을 전부

버리는 것이 아니라 필요한 부분을 선택해 집중적으로 발전시키는 데 힘을 쏟아야 한다는 점이다. 대학이 수행해야 하는 교양교육을 포기하면서까지 단편적인 기술대학으로 탈바꿈하려 하다 보면 지역의 여러 문화적 수요를 충족시켜줄 대학의 기능마저 훼손할 우려가 있기 때문이다. 대학의 인문학적 기반을 유지하면서 미래를 위해 지역의 교육재정을 대학에 투자하는 밑그림이 그래서 중요하다. ◥

다문화교육을 넘어 상호문화교육으로

장 한 업

이화여대 불문과 교수, 일반대학원 다문화–상호문화협동과정 주임교수,
이화다문화연구소장으로 일하고 있다. 유럽의 상호문화교육을 국내에 소개하고
확산시키기 위해 노력하고 있다.

산업화와 한국의 인구 변동

2006년 4월, 국정과제 회의에서 노무현 대통령은 "다인종·다문화로의 진전은 거스를 수 없는 대세"라고 규정하고 각 부처에 이에 맞는 대책 마련을 지시했다. 다인종·다문화는 외국인 이주민의 증가 때문이고, 이는 한국의 산업화와 밀접한 관련이 있다. 1960년대에 시작된 산업화를 위해 대도시 주변에 공단을 많이 만들었고, 이 공단에 필요한 인력 대부분은 농촌에서 이주한 사람들로 채워졌다. 이때 여자가 남자보다 더 많이 이주하면서 1980년대 말에는 '농촌 노총각' 문제가 발생한다. 한국 사회는 이 문제를 해결하기 위해 1990년대 이후 국제결혼을 권장했다. 한편 산업화와 함께 국민소득이 높아지면서 한국인들은 점점 '더럽고 위험하고 힘든' 이른바 '3D' 업종을 꺼리게 되고 이 문제를 해결하기 위해서는 임금을 올려줘야 했는데, 재정이 빈약한 중소기업은 그렇게 할 수 없어 그 대안으로 외국인 노동자들을 받아들이게 되었다.

이렇게 맞아들인 외국인 이주민들은 계속 늘어났다. 2006년 54만 명에서 2009년에는 100만 명, 2018년에는 200만 명을 넘어섰다. 2020년 코로나로 다소 주춤했지만 2022년에는 다시 증가해 2023년에는 251만 명에 달했다. 통계청에 따르면, 이 수는 앞으로 계속 늘어나 2040년에는 323만 명에 이를 전망이다.

경제의 관점에서 볼 때 가장 큰 문제는 생산연령인구의 감소다. 이 인구는 15세에서 64세까지의 인구를 말하는데, 2020년 3,738만 명에서 2060년 2,066만 명으로 줄어들 전망이다. 생산연령인구가 줄면 국민연금을 유지하기가 어렵다. 전문가들에 따르면 2060년 전후로 연금이 고갈될 것이라고 한다. 국민연금의 고갈은 국민의 안정된 일상생활을 어렵게 할 것이고, 이는 또 합계출산율에 악영향을 끼칠 것이다. 우리의 산업화와 민주화 과정에서 생긴 '구조적 공백'을 메우기 위해 들어온 외국인 이주민들은 앞으로 한국인의 출산율 감소로 인해 더 늘어날 전망이다.

이주배경학생의 증가

교육계의 흐름을 보자면, 외국인 이주민의 증가는 이주배경학생(다문화학생)의 증가로 이어질 것이다. 2022년 기준 18만 명가량인 이들은 매년 1만 명 정도 늘어나 2년 후에는 20만 명을 넘어설 것이다. 현재 이주배경학생 중 76% 정도는 국내 출생이어서 학업에는 큰 어려움이 없으나 외모 등을 이유로 다른 학생들로부터 무시, 배제, 차별을 받는 경우가 많다. 부모를 따라 중도 입국한 6%의 이주배경학생은 한국어를 거의 못 해 학업에 큰 어려움을 겪고 있다.

이주배경학생은 특정 지역에 몰려 있는 경우가 많다. 서울 구로구와 영등포구, 경기 안산시와 시흥시가 그렇다. 안산시의 한 초등학교는 전교생 449명 중 한국인 부모를 둔 학생이 6명뿐이다(최근 6명도 모두 다른 학교로 전학을 갔다). 이런 학교는 사실상 교육부가 정한 교육과정대로 운영하기가 힘들다. 안산시의 또 다른 초등학교는 이주배경학생이 80%가 넘는데, 특히 러시아계 학생들이 많아서 쉬는 시간의 공용어는 사실상 러시아어라고 한다.

그런데 이 학교는 올해 새로운 고민에 빠졌다. 학교 가까이에 대규모 아파트 단지가 들어서면서 한국인들이 많이 입주했고 그 가정의 자녀 대부분이 이 학교에 배정되었다. 지난 2월, 1학년 학부모들이 학교로 찾아와 한국학생과 이주배경학생의 학급을 분리해 운영해달라고 요구하였다. 학교장은 매우 난감했고, 학부모의 입장은 이해하지만 교육적으로는 그렇게 할 수 없다고 답변하느라 진땀을 뺐다고 한다.

하지만 이주배경학생들 대부분은 졸업 후 한국 사회의 구성원이 될 것이기 때문에 이들에 대한 교육은 결코 소홀히 할 수 없다. 교육부도 이를 알고 2006년부터 매년 다문화교육 대책을 내놓고 있다. 그러나 유감스럽게도 20여 년 이어져온 이 대책은 여러 가지 문제와 한계를 보인다.

첫째, 다문화교육의 대상을 이주배경학생만으로 보는 경향

이 있다. 제임스 뱅크스James Banks의 말을 빌리자면, 이는 다문화
교육에 대한 최악의 편견이다. 다문화교육은 교육적 평등을 지
향하는 '모두를 위한' 교육이다. 이런 비판이 일자 교육부는 일
반 학생들에게 '다문화이해교육'을 권장하고 있는데, 이 교육은
학술적으로 실체가 없을 뿐만 아니라 다문화교육을 더욱 오해
하게 만들 소지가 있다. 둘째, 다문화교육을 담당 교사나 사회
과 교사만 하는 교육이라고 오해하는 것이다. 사실 다문화교육
은 모든 교사가 해야 할 교육이다. 이는 다문화교육을 범교과
학습주제로 삼은 데서도 알 수 있다. 셋째, 다문화교육의 내용
을 외국 문화 지식이나 체험으로 보는 경우가 많다. 한 예로 한
국은 한복, 일본은 기모노, 베트남은 아오자이를 입는 나라라고
소개한 뒤, 한 사람씩 돌아가면서 입어보는 식이다. 이렇게 단
편적인 지식과 체험은 학생들의 호기심은 끌 수 있으나 그들의
인식이나 태도는 바꿀 수 없다.

상호문화교육에 주목하다

이러한 문제와 한계를 극복하기 위해서는 유럽형 상호문화교
육을 도입할 필요가 있다. 상호문화교육은 1960년대 이주배경
학생을 대상으로 한 '외국인 교육학'을 비판하면서 시작되었다.
당시 독일, 프랑스와 같은 선진국은 이주배경학생에게 자국어

를 가르쳤는데, 많은 학자는 이 교육이 동화同化주의적이라고 비판했다. 1970년대 초반, 석유파동으로 경제가 불황에 빠지자 이들의 귀국을 준비시켜주기 위해 (아랍어, 터키어 같은) 출신국의 언어와 문화를 가르치고, 1970년대 말에는 이 언어·문화교육을 모든 학생들 대상으로 확대했다. 이것이 상호문화교육의 진정한 출발점이다.

1980년대에는 이 교육을 이론화하고 1990년대에는 유럽평의회 회원국에 널리 권장했다. 유럽평의회가 1995년에 펴낸 「교육지침서Education Pack」는 사람들은 많은 면에서 다르므로 차이는 "우리 사회의 현실"이라고 규정하고, 상호문화교육을 "차이에의 긍정적인 접근", "다문화 사회에 대한 교육적 해답"으로 정의했다. 또한 "상호문화교육의 포괄적 목표는 다양한 사회들 간의 상호 관계, 그리고 다양한 다수집단과 소수집단 간의 상호 관계를 조성하고 북돋는 것"이라고 강조하고, 이 교육의 내용을 문화, 정체성, 고정관념, 편견, 민족중심주의, 차별, 외국인 혐오증, 불관용, 반유태주의, 인종주의로 제시했다.

아일랜드 교육과정평가원이 2005년에 발간한 「초등학교 상호문화교육Intercultural Education in the Primary School」은 상호문화교육을 "인간 생활의 모든 영역에서 다양성의 정상성을 존중·찬양·인정하고, 평등과 인권을 신장하고, 불공정한 차별에 도전하고, 평등을 뒷받침하는 가치들을 가르치는 교육"이라고 정의

한다. 그리고 이 교육의 내용으로 유사점과 차이점, 정체성과 소속감, 차별과 평등, 갈등과 갈등 해소, 인권과 책임을 제시한다. 이 두 지침서에서 보다시피, 상호문화교육은 문화를 가르치는 교육이 아니라 만남을 북돋는 교육이다. 이런 만남의 교육은 이주배경학생의 자존감과 정체성을 강화하고, 일반 학생의 고정관념과 편견을 완화해 차별을 줄일 수 있다.

한국의 교육계는 이 상호문화교육에 관심을 가지고 적극 확산시켜야 한다. 이주배경학생들은 낮은 자존감과 정체성 혼란으로 어려움을 겪고 있으며, 다른 학생들의 무시와 차별, 배제 또한 심각한 수준이다. 학교를 사회의 축소판이라고 볼 때, 이 두 집단 간의 원만치 못한 관계는 사회에 나가서도 그대로 이어질 가능성이 크다. 이는 매우 우려스러운 일이므로 상호문화교육을 통해 해결해야 한다. 이 교육에는 당연히 모든 교사가 동참해야 한다. 2023년에 출간한 『다문화 사회 대한민국 아이들에게 무엇을 가르쳐야 할까』에서 교사들이 수업 시간에 상호문화교육을 할 수 있는 방법을 자세히 소개하고 있다.

국어 교사는 '여우와 두루미'라는 우화를 통해 역지사지를 가르칠 수 있다. 영어 교사는 'Why is Pink for Girls?'라는 지문을 통해 '남자는 파란색, 여자는 분홍색'이라는 우리의 고정관념을 생각해보게 할 수 있다. 수학 교사는 '15개의 사과를 다섯 사람에게 똑같이 나누어주려면 몇 개씩 나누어주어야 할까요?'

라는 질문을 통해 차별과 평등을 가르칠 수 있다. 사회 교사는 한·중·일의 젓가락의 길이와 모양을 통해 다양성을 가르칠 수 있다. 역사 교사는 1805년 다비드와 1850년 들라로슈가 그린 두 개의 나폴레옹 초상화를 통해 우리의 고정관념과 편견에 대해 생각해보게 할 수 있다. 지리 교사는 몽골의 게르와 동남아의 수상가옥을 보여주면서 주거 형태의 유사점과 차이점에 대해, 기술·가정 교사는 각국 고유 의상의 유사점과 차이점에 대해 생각해보게 할 수 있다. 미술 교사는 학생들로 하여금 여러 색의 물감으로 자신의 피부색과 가장 가까운 색을 만들어보게 함으로써 모든 피부색은 혼성의 결과라는 사실을 확인시킬 수 있다. 이는 흰 피부를 선호하고 검은 피부를 꺼리는 경향에 대해 다시 생각해보는 계기가 될 수 있다. 음악 교사는 '루돌프 사슴코' 노래를 통해 차이로 차별하지 말아야 한다는 사실을, 모두에게는 다를 권리가 있음을 가르칠 수 있다. 체육 교사는 공정한 경기, 협력 정신, 승패에 대한 승복 등이 대인관계에서도 매우 중요하다는 사실을 말해줄 수 있다.

거스를 수 없는 교육의 흐름

물론 이주배경학생의 학업을 지원하기 위해서는 상호문화교육만으로는 부족하다. 이와 병행해야 하는 것은 이들의 이중언어와 다문화 능력을 살릴 수 있도록 진로·진학을 설계해주는 것이다. 그 방법의 하나로 '공립 종합외국어고등학교' 설립을 들수 있다. '공립'인 이유는 학부모의 경제적 부담을 줄여주기 위해서이고, '종합'인 이유는 학생의 능력에 따라 취업반이나 진학반을 선택할 수 있게 하기 위해서이다. 한국어와 어머니(또는 아버지) 언어를 잘하고 성적이 좋은 학생 중 교사가 되기를 원하는 학생은 교대나 사대에 특별진학 할 수 있도록 배려해줄 필요가 있다. 이들은 훌륭한 이중언어 교사로 후배 이주배경학생을 잘 지도할 수 있을 뿐만 아니라 그들에게 훌륭한 롤 모델이 될 수 있을 것이다.

한국인은 줄어들고 외국인 이주민과 그 자녀가 늘어나면서 다수와 소수 집단 간의 원만한 관계 형성을 목표로 하는 상호문화교육은 '거스를 수 없는' 교육의 흐름이 되고 있다. 이 교육을 통해 다수 학생의 고정관념, 편견, 차별을 완화하고 소수 학생의 자존감, 정체성을 강화해 이들이 훌륭한 사회구성원으로 성장할 수 있도록 제도적으로 뒷받침해주어야 한다. 🖂

다둥이를 바라보는 시선, 애국과 민폐 사이

송 시 진

네 아이의 엄마이자 초등학교 교사. 브런치에 아이들 키우는 이야기, 가르치는
이야기를 쓰고 있다. 올여름 스위스로 이주해 3년 정도 머물 계획이다.

가족에 대해 가르칠 때면 아이들에게 "선생님은 딸 둘, 아들 둘 이렇게 아이가 넷이야" 하면서 내 이야기를 수업 소재로 활용하곤 했다. 며칠 전 가족 이야기를 하는 수업 시간에 6학년 아이가 물었다.

"선생님은 딸이 좋아요, 아들이 좋아요?"

질문을 꺼내놓곤 답을 듣기도 전에 아이들은 저들끼리 맞추기 놀이에 나섰다. "딸일 거야" "아니야! 아들일 거야. 아들이 더 든든하지!" 아이들이 옥신각신 하는 와중에 나는 너무나도 솔직히 "딸이 좋다"고 말해버렸다. 아이들은 왜 딸이 좋냐고 물었다.

"딸들이랑 함께 할 수 있는 일이 많거든. 아들은 어느 정도 크면 친구들과 놀기 바쁜데 쌍둥이 두 딸이랑은 목욕탕도 같이 가고 산책도 하고, 친구 같아. 좋은 친구!"

그렇다. 딸들과 같이 목욕탕 가는 토요일 오후가 가장 한가롭고 행복한 시간이다. 평일에 학교 갔다 와서 분주하게 집안일 하며 지내면서도 주말을 손꼽아 기다리며 딸들과 목욕 약속을 잡곤 한다. 지난 토요일에도 목욕탕에 갔더니 사우나에서 할머니들이 말을 걸어오신다. 딸만 둘이냐고 물어 집에 아들둘이 더 있다고 하자 역시 그러신다. "아이고, 애국자네."

다둥이 맘은 민폐 고객일까?

저출산 시대에 애국자라고, 여기저기서 참 많이 듣는 말이다. 그럼 과연 이 나라에서는 애국자 대우를 해줄까? 작년인가, 아이들을 데리고 이른 저녁을 먹으러 수제버거집에 갔다. 사장님은 문 앞에 주르르 서 있는 네 아이를 보더니 예약이 다 찼다며 출입을 막았다. 야속하긴 했지만 식당이 여기만 있는 것은 아니니까 근처 다른 식당을 찾아보았다. 결국 수제버거를 먹고 싶다던 아이들을 설득해 곰탕집에 가야 했다.

　다둥이 엄마인 나는 이런 일에 제법 익숙하다. 지금은 초등학생인 아이들이 더 어릴 때는 더 자주 겪던 일이다. 아이들이 어릴수록 바닥에 흘리면서 먹고, 그릇도 많이 쓰고, 사람 수 대로 다 시키지도 않으니 식당 사장으로서는 이런 손님들이 반갑지 않을 수 있겠구나, 그 심정도 이해는 됐다. 그래서 은연중에 식당에 자주 가지 않게 되었다.

　그러나 살다 보면 꼭 외식을 해야 할 때가 있다. 가족들 다 함께 등산을 가거나 늦게까지 일을 하고 와서 저녁을 차리기 힘든 날, 혹은 졸업식이나 생일처럼 특별한 날 등등 식당에 갈 일이 생긴다. 그때마다 크게 심호흡한다. 식당에 들어서면 지레 사장님 눈치를 보면서, 아이들에게 흘리지 말고 조용히 먹을 것을 당부하곤 한다. 아이들이 다 자라기 전까지, 다둥이 엄마인 나는 식당 사장님들께 계속 민폐 고객인 걸까?

예전에 스위스 살 때 처음 낯선 땅에 온 다둥이 엄마가 외로워 보여 우리 집에서 차 한잔하자며 초대를 했었다. 그랬더니 세 아이를 둔 그 엄마가 물었다. "아이를 몇 명 데리고 갈까요?" 나더러 자기 아이들을 몇 명 데리고 올지 결정하라는데 사실 선택지가 없는 듯했다. '집에 혼자 남은 아이는 어떤 마음이 들까' 싶어 무조건 다 데리고 오라 했다. 그런데 내가 네 자녀 엄마가 되어 보니 친구 엄마들 초대에 "애들은 몇 명 데리고 갈까요?"라고 똑같이 묻고 있었다. 초대해주시는 분의 마음도 감사하지만 네 명이나 되는 아이들을 다 데리고 가는 것이 민폐가 될 것 같아 그런 질문부터 하게 되었다.

스위스에서 경험한 다자녀 지원 정책

애들 데리고 외식 한번 마음 편히 못하던 나는 4학년 사회 시간 때 저출산에 대해 가르치다가 헝가리의 다자녀 지원 정책을 보고 깜짝 놀랐다. 어린아이 식사는 무료고, 아이를 데리고 간 어른은 50%나 할인해주는 정책 때문이었다. 지금은 아이들이 커서 인원 수대로 음식을 시키는데, 여섯 식구가 각자 하나씩 주문하면 음식값도 만만찮은 부담이다. 늘 식당 앞에서 주저하던 다둥이 엄마 입장에서 저런 정책이면 어깨 펴고 식당에 갈 수 있겠다는 생각이 들었다. 정책은 이렇게 사람의 마음을 변화시킨다.

비슷한 경험을 스위스에서도 한 적이 있다. 2012년부터 2년 정도 스위스에서 살면서 둘째를 낳았고, 쌍둥이를 임신해서 한국으로 돌아왔다. 쌍둥이 임신 후 진료를 받으러 산부인과에 갔을 때였다. 의사는 수혈증후군*이 의심된다며 몇 주 두고 보면서 변화를 살피자 했다. 첫째와 둘째는 큰 고비 없이 낳았던 터라 많이 놀랐다. 몇 달 후면 한국으로 돌아가야 하니, 집에 오자마자 수혈증후군이 어떤 질병인지, 한국에선 어느 병원에서 치료 받을 수 있는지, 돈은 얼마나 드는지 찾아보았다. 십 년 전 당시는 서울의 한 대형병원에서만 치료할 수 있었고 돈도 많이 들었다.

그러나 스위스에서는 (보험료를 1인당 매달 약 20만 원쯤 내긴 했지만) 출산 관련한 모든 비용이 무료였다. 수혈증후군이 계속 의심되면 산부인과 의사가 취리히에 있는 큰 병원으로 연결해 준다고도 했다. 산모가 알아서 병원을 찾아볼 필요 없이 의사가 대학병원에 전화해서는 약속을 잡도록 도와주었다. 우리 가족은 한국으로 돌아올 준비를 할 때였지만, 스위스에서 쌍둥이를 낳고 싶다는 생각이 간절해졌다. 다행히 쌍둥이는 서로 피

● 쌍둥이에게 가는 혈류량 차이로 생기는 질환. 한 아이는 피가 많아지고, 다른 아이는 피가 부족해서 둘 다 위험해진다.

를 주고받는 것을 멈추어서 수술받는 상황까지 가진 않았지만 임신 순간부터 쉽지 않은 문제들이 계속 발생했다. 결국 아이들이 태어나기 전에 한국으로 돌아왔고, 쌍둥이의 건강 문제는 부모인 내 몫으로 다시 넘어왔다.

그곳에서 정책이 어떻게 아기를 보호하는지 그리고 산모의 마음을 변화시키는지 여실히 깨달았다. 한국에서는 배 속 아기의 건강 문제는 산모 스스로 해결해야 한다고 생각했었는데 스위스 의료 제도를 겪으면서 산모가 치료비를 낼 수 있는지 없는지도 따지지 않고 의사가 주도적으로 큰 병원에 연락해 치료를 받게 한다는 것이 신선한 충격이었다.

그뿐 아니라 스위스에서는 10년 전인 그때도 아동수당이 있었다. 한 아이당 성인이 될 때까지 대략 20만 원을 매달 주었다. 고만고만한 아이 넷을 키우는 나는 한 아이 키우는 집보다 몇 배의 비용이 들었다. 교통비, 교육비, 음식비, 의류비…. 올해 세 아이를 태권도와 피아노학원 두 군데 보내는 데만 매달 거의 100만 원 가까이 든다. 별거 안 시키고 기본만 하자 마음먹지만, 그 비용도 만만찮다. 그러나 한국의 정책은 만 8세 미만 아이의 부모에게만 아동수당을 준다. 사실 아이가 자랄수록 돈이 더 든다는 간단한 사실조차 모르는 듯하다.

스위스에서는 자라는 아이들의 옷도 쉽게 구할 수 있었다. 한국에서는 누군가에게 물려 받거나 새 옷을 사야 하지만 스위스에서는 매년 봄과 가을, 동사무소에서 주관하는 큰 바자회에서 필요한 옷을 싸게 구입할 수 있다. 아이들의 작아진 옷들과 자전거, 책, 스케이트 등등을 내놓고 저마다 필요한 물건을 구입했다. 당시 아이들이 어려서 해가 바뀌기 무섭게 옷이 작아지곤 했는데 서로의 필요를 연결해주는 이런 제도 덕분에 생활의 부담을 덜 수 있었다.

서로의 필요를 연결해주는 것 중에는 돌봄도 있다. 한국에서는 돌봄 제도를 이용하려면 무슨 서류가 이렇게 많은지, 그마저도 한참 기다려야 한다는 말에 지레 기대를 접고 스스로 해결해보려는 엄마들이 많다. 특히 일하는 엄마들은 갑작스럽게 돌봄 공백이 생기면 지역의 온라인 카페에 글을 올리거나 아는 사람의 아는 사람까지 연락을 돌리며 사람을 찾는다. 엄마들에게 돌봄 공백은 큰 걱정이다.

스위스에서는 아이를 돌봐줄 수 있는 동네 어른들 명단이 동사무소마다 있어 자녀들을 다 키우고 비교적 시간 여유가 있는 어른과 당장 돌봐줄 사람이 필요한 엄마를 연결해준다. 물론 약간의 비용을 지급하지만 어린아이를 혼자 둘 수 없는 엄마로서는 지역에 사는 돌봄 이웃들이 큰 힘이 된다. (스위스의 아이 친화적인 정책을 얘기하다 보면 자칫 스위스가 환상의 나라처럼 비칠 수도 있겠지만 스위스는 물가가 무척 비싸고 필수 보험료도 높다. 다시 스위스로 가야 하는 상황에서 고물가와 보험료는 큰 부담이다.)

아이가 한 명뿐인 내 동생은 우리 집에 아이들이 많은 것을 부러워한다. 큰아이가 어린 동생들과 놀아주고 언제나 심심할 틈 없이 집안이 복작복작해서 외롭지 않아 보인다 했다. 동생은 둘째를 가져도 좋을지 내게 물었다. 그러나 섣불리 긍정적인 대답이 나오지 않았다. 물론 아기는 예쁘고, 키울수록 기쁨이 배가 되지만 '애국과 민폐 사이' 어디쯤 서 있는 네 아이의 엄마로 살면서 겪어온 일들 때문이었다. '그러게, 누가 그렇게 아이를 많이 낳으래?' 혹은 '아이가 많으니 고생하는 건 어쩔 수 없지.' 다둥이 엄마를 향한 사람들의 암묵적인 시선에 주눅이 들 때도 있었다. 너무 힘든 날엔 '왜 이렇게 많이 낳아 고생하는 거지' 하며 자기 연민에 빠지기도 했다. 그러니 아기를 낳아 기르는 것이 전적으로 부모 책임인 한국에서 동생에게 쉽게 둘째를 낳으란 말을 할 수 없었다.

다둥이 엄마가 출산을 쉽게 권하지 못하는 한국 사회에서 저출산이 심각한 문제로 떠오르고 있다. 초등학교 4학년 사회 교과서에도 저출산 관련 내용이 나온다. 뉴스나 유튜브를 통해 심각하다고 듣긴 해도 어느 정도인지는 체감하지 못하는 아이들을 위해 합계출산율 1의 의미를 설명해주었다. 단순하게 생각해 200명(남 100명, 여 100명)이 결혼해서 1.0 출산율로 사회가 굴러간다면 한 세대 후면 100명(남자 50명, 여자 50명)으로 줄어들고, 그들이 또 결혼해서 한 세대가 지나면 50명이 된다. 다시 말해 두 세대가 지나면 인구가 4분의1로 줄어드는 것이다(합계출산율이 0.5면 두 세대 뒤에는 16분의1로 급격히 줄어든다).

아기가 적게 태어나면서 소아청소년과 의사가 줄고, 인구가 줄어들면 지하철 같은 기반 시설도 줄어들 거라는 걸 알게 되자 아이들이 웅성웅성 난리가 났다. 한 아이가 말했다. "그럼 우리는 죽어야 하나요?" 그래서 대답해주었다. "'소신에게는 아직 12척의 배가 남아 있습니다' 했던 이순신 장군처럼 각자의 자리에서 자기 역할을 해내야지." 이 말을 듣고 아이는 한참 생각이 많아진 듯했다. 며칠 후 국어 시간, 장래 희망을 주제로 글쓰기를 했는데 그 아이는 자라서 아기를 돌보는 소아과 의사가 되겠다고 했다. 아이의 대견한 생각에 응원한다는 댓글을 달아주었다. ▰

저출산은 문제가 아니라 현상이다

조 귀 동

연세대 복지국가연구센터 연구원. 경제라는 하부 구조의 변동이 어떻게
정치와 사회에 영향을 미치는지에 관심을 갖고 글을 써오고 있다. 저서로
『세습 중산층 사회』, 『전라디언의 굴레』, 『이탈리아로 가는 길』 등이 있다.

종합적인 제도 개혁이 필요하다

한국이 겪고 있는 초저출산은 해결해야 할 문제가 아니라 적응하거나 저감低減해야 하는 현상에 가깝다. 출산율 하락은 사회경제적 변화의 최종 결과이기 때문이다. 20~30대가 기성세대처럼 결혼을 많이 하고 자녀를 두셋씩 낳도록 만들 수 없다는 건 명확하다.

출산율을 끌어올린다 해도 젊은 세대의 숫자는 이전과 비교할 수 없을 정도로 줄 것이다. 2024년 4월 기준 연령별 인구를 보면 50세 88만5천 명, 40세 71만8천 명, 30세 70만6천 명에서 20세는 48만6천 명, 10세는 43만9천 명으로 급격히 줄어든다. 그리고 0세 영아는 또 그 절반인 22만2천 명에 불과하다. 한창 일하는 사람보다 은퇴 후 여생을 보내는 사람이 더 많은 사회를 피할 수 없다.

가파르게 출산율이 내려간 원인은 사회구조 변화에 있다. 가정을 꾸리지 않고 자녀를 낳지 않는 건 개인 단위에서 나름의 합리적인 선택이다. 아이를 더 낳도록 유도하는 정책을 쓰면 된다는 대증요법을 넘어선 근본적인 고민이 필요하다. 한국 사회에 들이닥칠 전면적인 충격에 대응책을 마련해야 하는 시점이다. 사람들의 선택을 바꾸어야 하는 것이기 때문에 종합적인 제도 개혁이 필요하다. 공동체의 조직 방식과 운영 원리를 바

뛰야 하기 때문에 정치의 역할이 무엇보다 중요하다.

먼저 닥칠 충격, 노동력 부족

근본적인 문제는 경제 발전이나 산업 구조 변화에 적응해 나갈 역량 있는 젊은 노동력이 부족해진다는 것이다. 나이가 젊어야 새로운 지식과 기술을 익혀 노동시장에 진입하고, 늘어나는 수요에 맞춰 직업을 바꾸고 숙련도를 높일 수 있다. 청년의 숫자가 줄면 경제구조 변화에 발맞춰 노동력 재배치가 어려워지고, 생산성이 높고 성장하는 산업이 충분한 수의 노동자를 확보하기가 힘들어진다. 한국은 이미 핵심 노동연령(prime working-age, 25~54세) 인구가 가파르게 줄고 있다. 2020년에는 2,228만 명인데 2030년에는 2,063만, 2040년에는 1,781만 명이 될 전망이다. 거꾸로 65세 이상 고령자는 같은 기간 991만 명에서 1,306만, 1,724만 명으로 치솟는다.

충분한 숫자의 노동력을 유연하게 배치할 수 없는 경제가 어떤 어려움을 겪는지는 최근 일본 관광산업이 잘 보여주고 있다. 2022년 하반기부터 일본은 국제선 항공편을 늘리지 못해 골머리를 앓고 있다. 해외여행 수요가 회복되고 엔화 가치가 낮아지면서 외국인 관광객이 빠르게 늘고 있지만, 항공편을 코로나19 이전 수준까지 늘리지 못하고 있기 때문이다. 규슈 가고시마 공항은 2019년 서울, 홍콩, 상하이, 타이베이에 주 24편을 운행했는데 2023년 말에는 서울과 홍콩을 연결하는 주 6회 노선만 남았다. 다른 공항들도 사정은 비슷하다. 가장 큰 이유는 비행기 이착륙 과정에 필요한 정비, 검역, 화물 하역 등 지상 작업을 할 인력이 없기 때문이다. 중국, 동남아의 저가 항공사가 취항을 타진했다 무산되는 일도 빈번할 정도다.

공항 지상 작업 인력난은 그동안 노동력 감소에 대응을 게을리 한 결과다. 일본 공항들은 관련 기능 인력 양성에 대한 지원을 제대로 하지 않았고, 외주화로 임금을 낮추는 데만 급급했다. 자동화 투자가 이뤄질 리 만무했다. 국적 항공사인 일본항공(JAL)과 전일본공수(ANA)는 저마다 지상 작업 방식이 달랐고, 관련 자격증 제도도 따로 운용해서 사실상 항공사 전속 방식으로 인력을 관리했다. 노동력의 생산성을 높이고 효율적으로 운용하지 않았던 관행이 그대로 발목을 잡은 것이다.

사람 수가 가파르게 줄면 남아 있는 사람들을 좀 더 효율적이고 효과적으로 운용하는 게 합리적인 선택지다. 지금보다 좀 더 고숙련, 고기능 일자리를 갖도록 해야 한다. 이민을 확대하더라도, 고급 기능을 갖춘 이민자를 대규모로 확보하는 건 불가능하다. 장래에 노동시장에 진입할 아동과 청소년을 대상으로 한 교육개혁, 지금 일자리를 갖고 있는 사람들을 대상으로 한 노동개혁이 시급한 이유다. 이철희 서울대 경제학과 교수는

"현재와 같은 교육의 경직성과 훈련의 부재가 유지되고, 부문 간 이동성이 높아지지 않는다면 노동인력의 특성과 노동시장의 필요 간 불일치가 심각해질 수 있다"고 최근 한 컨퍼런스에서 전망했다.

지금의 성인들이 계속해서 고기능 인력으로 남을 수 있게 질 높은 재교육을 실시해야 한다. 한국은 첫 일자리를 가질 때까지는 인적자본에 엄청난 투자를 하지만 그 이후 재교육은 잘 이루어지지 않는다. 채창균 직업능력연구원 선임연구위원은 "우리 국민들의 역량을 OECD 회원국들과 비교하면 30대까지는 굉장히 높은데, 이후 연령대에서 급속히 하락한다"고 지적했다. "평생학습 참여율은 OECD 중간 수준이며, 특히 직업과 관련해서 배우는 비율은 중하위권"이기 때문이다. 특히 학력이 고졸 이하, 고용 형태가 비정규직, 종사 업무가 단순직의 평생학습 참여율이 낮았다.

다른 한편에선 고령자와 여성의 경제활동 참가율을 높이고, 노동생산성을 끌어올려야 한다. 노년층의 경제활동은 양적, 질적으로 개선되고 있다. 60대 경제활동 참가율(만 15살 이상 인구 가운데 취업자와 실업자의 비중)은 2006년 35.5%에서 2020년에 50.7%로 늘어났다. 고령화연구패널에 따르면 60대의 총 임금소득이 2006년에는 1,379만 원으로 50대의 62.6%에 불과했는데 2020년에는 2,468만 원으로 83.4%까지 증가했다. 하지만 생산성이 낮은 장년층이 생계를 위해 저임금 단순노동을 하는 경향이 강하고, 대졸 이상 고학력 인력은 다수가 은퇴를 선택한다. 아울러 출산과 육아 문제로 노동시장에서 이탈하면서 경력이 제대로 개발되지 못한 채 이후 저숙련 일자리에 재취업하는 여성들의 노동시장 참여 방식도 바꾸어야 한다.

새로운 가족, 새로운 돌봄의 방식을 찾아서

저출산의 또 다른 모습은 전통적 가족 모델과 취업, 결혼, 출산으로 이어지는 생애주기의 해체다. 2020년 기준 40~44세 미혼율은 남성 27.2%, 여성 14.7%로 10년 전과 비교하면 두 배 가까이 늘어났다. 결혼 후 자녀를 낳지 않는 가구도 증가 추세다. 한국노동패널 자료에 따르면 25~39세 맞벌이 부부 중 자녀가 없는 가구의 비율은 2013년 21.0%에서 2022년 36.3%로 증가했다.

사실 청년들의 경우 가족을 만들기 전 단계인 연애와 섹슈얼리티의 경험, 나아가 타인과 교류하는 경험부터가 부족하다. 인구보건복지협회가 2022년 실시한 설문조사에 따르면 19~34세 청년 중 65.5%는 이성 교제를 하고 있지 않으며, 그중 약 10분의3은 '비자발적'이다. 연애 경험이 한 번도 없다는 응답자도 29.1%에 달했다. 영미권에서 연애를 하고 싶어도 하지 못하고 결혼 기회를 얻지 못한 남성을 가리켜 비자발적 독신involuntary celibate, 줄여서 '인셀incel'이라 부르는데, 여성을 대상으로 한 이들의 범죄가 늘면서 사회문제가 되고 있다.

국무조정실이 지난해 발표한 「청년 삶 실태조사」에 따르면 청년(19~34세) 다섯 명 가운데 한 명은 혼자 밥을 먹는 게 일상이다. 가족, 친지, 직장 동료 이외에 교류하는 사람이 없다는 이들도 9.6%에 달했다. 특히 고졸 이하(15.7%)는 대학 재학(6.3%) 또는 대졸 이상(9.4%)보다 압도적으로 그 비율이 높았다. 이렇게 사회적 교류가 없는 상황에서는 이성을 만날 기회가 없고, 만나더라도 개인적인 관계로 발전시키기 힘들다. 저출산을 해결하기 위해서는 청년들의 사회적 고립을 막고 공동체를 복원하는 게 무엇보다 필요한 이유다.

이 조사는 지역별로는 실시되지 않았지만, 심각한 남초男超 현상을 겪고 있는 지방의 경우 이성 교제 경험이 더 적을 가능성이 높다. 각 시도별 20~34세 성비를 보면 서울은 여성 100명 당 남성 95.3명인데 비해 경북, 충북, 경남, 전남은 120명이 넘는다. 여성들이 취업할 만한 일자리가 없고, 꽉 막힌 지역사회 분위기에 여성들이 이탈을 선택했기 때문이다.

한국, 일본, 중국 등 동아시아 지역의 출산율이 낮은 이유 중 또 하나로 혼외 출산을 인정하지 않는 문화를 들 수 있다. 유럽연합의 경우 2018년 기준 전체 출산의 42%가 혼외 출산이다.

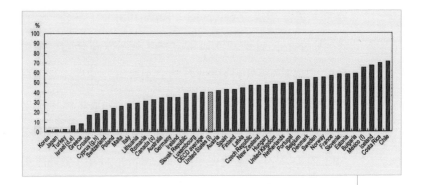

2000년과 비교해 17% 늘어난 수치다. 저출산 극복의 모범 사례로 꼽히는 프랑스의 경우 혼외 출산 비율이 60%를 넘는데 한국은 2%에 불과하다. 유럽에서는 동거나 LAT● 관계에서도 출산을 선택한다. 네덜란드처럼 결혼을 전제한 동거 비율이 높은 나라에서도 혼외 출산 비중이 높다. 하지만 한국 등 동아시아 국가는 결혼하지 않은 상태에서 출산을 선택하는 걸 금기시한다. 결혼부터 단계를 밟다 보니 출산 시기가 늦어지고, 출산 인구도 줄어들 수밖에 없다.

널리 알려진 바이지만 결혼과 육아가 여성의 경력에 발목을 잡지 않고, 가사 노동에서 충분한 조력이 제공되는 사회일수록 출산율이 높다. 이탈리아 보코니대학의 요스타 에스핑-안데르센 교수와 프란체스코 빌라리 교수는 국가별 양성평등 지수와

2020년 OECD 주요 국가의 혼외 출산율. 한국이 가장 낮다.

● Living Apart Together, 파트너와 같이 살진 않지만 깊은 관계를 유지하는 것.

가족이 없는 여성의 비율 간 관계를 분석했다. 1980년대까지만 해도 양성평등 지수가 높을수록 혼자 사는 여성의 비율이 높았다. 그런데 2000년대 후반이 되면 뒤집힌 U자 형태로 추세가 바뀐다. 덴마크, 아이슬란드, 스웨덴, 네덜란드 등은 여성의 권익이 잘 지켜지면서도 동시에 기혼자가 많은 국가다.

두 사람은 이런 현상이 나타난 이유에 대해 다음과 같이 설명한다. 먼저 양성평등이 진전되면서 결혼이 여성의 경제활동에 걸림돌이 되지 않는다. 또 그 정도로 양성평등이 높아진 사회에서는 남녀 간의 임금 격차가 없어지고, 남성도 가사노동에 여성만큼 참여하게 된다는 것이다. 이는 현대 사회에서 활발하게 경제활동에 참여하는 여성의 권익이 충분히 지켜지지 않으면 여성들이 결혼이나 출산을 기피할 거라는 이야기다.

결국 저출산 사회에의 적응이든 출산율을 높이려는 노력이든 새로운 가족과 돌봄의 모델을 만들어야만 한다. 가령 결혼 이외에 다양한 형태의 장기적 관계를 맺을 수 있도록 법적, 제도적 지원이 필요하다. 결혼을 회피하는 사람들도 결국 다른 이성과의 장기적 관계에서 제대로 된 돌봄과 정서적인 안정을 얻을 수 있기 때문이다. 아울러 동거 등 결혼 외 관계에서 태어나는 아이들을 위해 미혼모나 미혼부에 대한 낙인 효과를 어떻게 없앨지도 고민해야 한다. 남성도 육아와 가사 노동에 적극 참여할 수 있도록 제도적 지원이 있어야 하는 것은 물론이다.

한국 사회의 문제는 사실상 출산율 하락이 아니다. 선진국들은 1960년대 중반을 전후해 출산율 하락을 경험했다. 여성의 고등 교육 및 노동시장 참여 증가, 자녀의 인적자본을 형성하는 데 뒤따르는 교육 및 양육 부담 증가, 기독교 기반의 전통적 윤리 관과 가족주의 퇴조, 성性적 자율성 확대 등이 맞물린 결과였다. 당시 그 나라들의 노동시장이나 양육 관행은 오늘날과 사뭇 달랐다. 스웨덴의 경우 1970년대 초까지 임신한 여성 노동자를 해고하는 게 합법이었을 정도다.

지금 출산율을 어느 정도 끌어올린 스웨덴, 프랑스, 미국 등은 저출산을 야기한 사회경제 구조의 변화에 걸맞게 저마다의 방식으로 사회 제도를 바꾸었다. 시대 변화에 순응하면서 그에 맞춰 사람들이 연애와 결혼을 선택하고 아이를 낳아 기르는 기쁨을 누릴 수 있게 공동체가 적응한 것이다. 스웨덴은 중앙집중적인 노사 합의가 작동하는 사회답게 남성도 여성과 똑같이 육아휴직을 하고 자녀를 돌보도록 의무화했다. 미국은 노동시장 유연화와 각종 세제 혜택에 주안점을 두었다. 프랑스는 강력한 국가 차원의 보육지원 정책을 펴고 동거, 한부모, 입양 등 비전통적 가족도 그 대상에 포함시켰다. 일본의 경우 오래전부터 다양한 저출산, 고령화 대책을 내놓으면서 노동과 양육의 영역까지 개혁 대상으로 삼고 있다. 한국과 비슷한 문화적, 규범적 난관이 있지만 일본의 출산율은 어느 정도 유지되고 있다.[•]

결국 공동체를 어떻게 바꿔갈지 합의하고, 이해관계를 조정하며, 공동의 목표를 향해 장기적인 변화를 꾀할 수 있는 역량이 있느냐가 관건이다. 저출산이 '공통의 과제에 대한 공동체의 합의'라는 정치의 본질과 우리 사회의 해결 역량을 묻는 도전인 이유다. ■

● 2005년 출산율이 1.26명까지 떨어졌지만, 이후 20년 가까이 1.3~1.4명 수준을 유지하고 있다.

저출산 위기 담론이 말하지 않는 것

_『가족과 통치』, 조은주, 창비, 2018

신 나 리

디자이너. 공공기관이나 지역공동체와 다양한 프로젝트를 진행한다.
지은 책으로 『엄마 되기의 민낯』, 『여자, 아내, 엄마 지금 트러블을
일으키다』, 『이상하고 쓸모없고 행복한 열정』 등이 있다.

2023년 합계출산율이 약 0.7명을 기록했다. 그해 태어난 아기가 23만 명이다. 1970년대, 한 해 평균 90만 명이 태어난 것을 보면 4분의1까지 줄어든 셈이다. 전망은 암울하다. 이대로라면 2050년부터 경제성장률이 마이너스를 기록하고, 2070년이 되면 대한민국 인구는 약 3~4천만 명일 것이라고 한다(여러 변수들을 감안한 저위~고위추계 통계다).

대한민국이란 국가가 결국 소멸할지도 모른다는 위기론이 대두하고 있다. 이 글에선 이미 방대하게 쏟아져 나온 저출생의 원인과 대책에 목소리를 보태진 않으려 한다. 그보다는 왜 우리 사회는 인구 감소를 '위기'로 공론화하고, 이러한 인식은 어떤 관점과 접근 방식을 전제로 하며, 또 배제하는 건 무엇인지, 『가족과 통치』라는 책을 통해 질문해보고자 한다.

2019년 '고령화저출산대책위원회'가 신설될 즈음 출간된 연구서 『가족과 통치』는 기존의 저출산 연구와는 다른 접근을 시도한다. 책에서 연구하는 건 1960~70년대의 가족계획사업이다. 현재의 출산 장려 정책과 둘만 낳아 잘 기르자는 가족계획사업은 정반대의 방향인데 어떤 상관이 있느냐고 물을 수 있다. 그러나 저자는 가족계획사업과 저출생 대책은 사회 현상을 문제시하고 구체적인 정책을 만들어가는 '통치'의 측면에서 동일한 계보를 잇는다고 말한다. '그만 낳으라'고 하는 국가와 '제발 낳으라'고 하는 국가는 모순되지 않는다.

『가족과 통치』에서 저자가 중요하게 지적하는 건 권력이 작동하는 모습이다. 박정희 시대의 국가는 사람들이 쉽게 하는 추측과 다르게 가족계획에서는 강압적으로 협박하거나 처벌하지 않았다. 남자와 여자가 사랑으로 결혼하고, 부부가 되면 성적 쾌락을 추구하고, 자식은 둘만 낳고, 여성이 친밀성의 주체로 사는 걸 '정상적 삶'처럼 여기도록 유인했다.

저자는 가족계획사업에서 산출된 방대한 자료를 분석하며, 인구를 문제시하는 방식이 사회 구성원에게 제시되는 올바른 삶의 방향과 깊게 연관되어 있음을 밝힌다. 책의 전개를 따라가며 인구 감소가 '위기'라는 말을 곧이곧대로 받아들이기보다 질문의 방향을 새롭게 설정해보자.

인구와 가족, 국가의 문제가 되다

자본주의의 발전과 산업화, 근대화를 이루기 위해 가장 중요한 조건은 노동력의 확보다. 공장에 매일 일정 시간 매여 있을 임금 노동자가 지속적으로 공급되어야 한다. 또한 노동자들은 같은 일을 반복할 수 있는 습성을 훈육을 통해 형성해야 한다. 서구의 산업자본주의 초기, 고전경제학자들은 너무 많지도 적지도 않은 적절한 인구 수가 필요하다고 했는데, 여기서 인구란 이러한 노동력을 제공할 수 있는 생산인구와 다르지 않았다.

'인구'. 낯설게 보는 것이 더 어색한 이 개념은 자본주의의 발전과 함께 등장했다. 인구는 근대 사회의 구성물인 '개인'과 다르며, 민주주의의 주권자로서 '시민'과도 다른 개념이다. 예를 들어보자. 영희는 대한민국의 시민으로서 국회의원 선거에 참여해 투표권을 행사한다. 이때 영희의 표는 '득표율'이라는 통계로 집계된다. 또 영희는 2년 전 결혼했고 얼마 전에 아이를 낳았다. 영희의 경험은 '혼인율'과 '출산율'로 집계된다.

생생하게 살아 있는 사람들의 삶이 추상적으로 통계화되어 공적 영역으로 진입할 때, 개별적 존재는 '인구'로 바뀐다. 언제까지 노동력을 제공할 수 있는가, 재생산을 포함하여 얼마나 노동력을 생산할 수 있는가로 수치화된다. 하지만 국가는 인구로 환산되는 개인들의 삶을 그저 내버려두지 않는다. 복지, 보호, 안전이라는 명분으로 갖가지 제도적 장치를 만들어 간섭하고 관여한다.

60년대 가족계획사업은 경제의 성장과 발전을 저해하는 지나치게 많은 인구를 조절하기 위해 시작됐다. 가족계획사업은 다음과 같이 취지를 밝혔다. "가족계획운동의 특성은 인생의 심오에 속하는 성性에 관련하는 문제이고 보니 정부나 타인으로부터 강압될 것이 아니고 국민 개개인의 자각에 의지하는 수

1960년대	1970년대	1980년대	2005년~현재
세 자녀만 35살 이전에 "덮어놓고 낳다보면 거지꼴을 못 면한다"	두 자녀 갖기 권장 "딸·아들 구별 말고 둘만 낳아 잘 기르자"	한 자녀 가정에 혜택 "둘도 많다!"	다자녀 갖기 권장 "하나는 외롭습니다"

밖에 없으니 이것을 위하여는 식자^{識者}의 정신적 및 기술적 지도가 무엇보다도 필요하다." 사회구성원이 경제성장을 위한 적정한 인구로 조절되기 위해선 정신적, 기술적 지도로 '개개인의 자각'을 일깨워야 한다! 이것이 박정희 정권과 대한가족계획협회의 문제의식이었다.

가족계획사업은 대대적으로 의식 계몽 운동을 펼쳤다. "덮어놓고 낳다가는 거지꼴을 못 면한다", "더 이상 짐승처럼 살 수는 없다"며 기존의 방식을 '인습'으로 명명했다. 결혼하면 애가 생기고, 임신하면 애를 낳는 것으로 받아들이던 사람들의 삶의 방식을 낙후된 것으로 문제화했다. 국가는 강압이나 독재적인 방식이 아니라 '마음의 근대화'를 촉구했고 상당히 성공했다.

1970년, 대한가족계획협회 공식 기관지이자 선전지였던《가

포스터로 보는
인구 정책 변천사

루우프와 먹는 피임약

정의 벗》은 "너무 많이 낳아 창피합니다"라고 한 시골 부인들의 인터뷰를 담으며 사업의 성과를 자찬했다. 그러나 가족계획은 구호나 선전, 의식의 계몽이나 마음의 개조만으로 작동하지 않았다. 가족계획은 가장 사적이며 구체적이고 내밀한 삶의 영역으로 침투했다.

쾌락을 위한 성, 4인 가족이라는 '정상' 신화

출생을 줄이기 위해선 피임을 해야 한다. 당시 정부는 정관절제술에서부터 자궁 내 장치를 삽입하는 루프 시술, 경구용 피임제와 콘돔까지 광범위하게 보급해야 했다. 그러나 대다수 인구가 농어촌에 거주하던 1960년대엔 피임술의 보급 자체가 난제였다. 교통수단이 부족해 물자 전달이나 의료진 파견도 어려웠다. 게다가 콘돔이나 피임약은 일상적인 계획과 준비가 필요했다. 특히 정해진 일수 동안 규칙적으로 복용해야 하는 피임약은 당시 농촌여성들에겐 너무 생소했다. 규칙과 계획이란 근대적 시간 개념이 훈육되지 않고선 불가능했다. 또 일상적인 피임이 이루어지려면 성행위와 임신, 출산을 분리시키는 사고가 필요했는데, 부부가 정서적 결속과 쾌락을 위해 성행위를 한다는 것 자체가 당시 여성들에겐 낯선 사고방식이었다.

그러므로 피임법을 보급하는 일은 성행위를 재생산(출산)과 분리된 쾌락으로 인식시키는 일과 병행되어야 했다. 여기에서 기존의 연구와 다른 이 책만의 분석이 나온다. 가족계획사업은 성을 억압하거나 금기시하지 않았다는 것! 정반대로 자유롭고 개방적인 성문화를 확산하려 했다는 것이다. 《가정의 벗》은 성행위를 할 때 쾌락을 증진하기 위한 기술을 끊임없이 게재하며, 성행위란 행복을 위해 하는 것임을 강조했다. 협회가 발표한 성교육지는 전희 시간, 부위별 쾌감의 상관관계, 성교 횟수와 건강의 관계 등을 구체적으로 알렸다.

독재와 억압의 시대였던 60~70년대, 다른 영역도 아닌 성문화에서 국가가 구성원들에게 성적 쾌락을 누리라고 명했다고? 상당히 의외라고 생각할 수 있겠다. 여성의 섹슈얼리티를 재생산을 위한 기능으로 통제하고 억압했을 거라는 기존의 관점과는 반대다. 그러나 성적 권리나 쾌락은 그 자체로 해방도 억압도 아니다. 저자는 중요한 건 박정희 시대에 성이 금지되지 않았다는 점 자체가 아니라고 말하며, 그보다 사적이고 개별적인 행위 양식 속으로 권력이 침투하는 방식에 주목하고자 한다. 성의 쾌락적 속성을 강조했다는 건, 성행위가 드디어 재생산과 분리되어 '사랑'과 결합됐다는 말이기도 했다. 그럼 무엇이 달

라지는가? 바로 '근대적 가족'이 탄생한다.

'사랑하는 사람과 결혼하고, 배우자인 상대방과 성적으로 배타적인 관계를 맺어라. 성적 합일은 사랑의 징표이므로 쾌락을 추구하기 위해 적극적으로 노력하고, 자식은 애정으로 키워라!' 사랑과 행복으로 이루어진 가족 만들기는 독재정권 시대의 가족계획사업을 관통하는 일관된 메시지였다.

가정이 사랑과 행복의 공간이 되는 데 많은 자녀는 방해가 된다. 여러 자녀에게 골고루 애정을 줄 순 없으니까. '둘만 낳아 잘 기르자!'는 가족계획운동도 이런 맥락과 이어진다. 아내, 남편, 아이 두 명이라는 '4인 가족'이 '정상 normal'으로 구축된다. 그러나 사랑으로 이루어진 4인 가족은 많은 사람들이 그렇게 살아서 자연스럽게 정상 지위를 획득한 것이 아니다. '정상'으로 먼저 설정되어 그 뒤를 좇아가야 했을 뿐이다.

부모나 가문과 상관없이 나의 의지에 따라 배우자를 선택하는 자유연애와 낭만적 사랑. '그리하여 그들은 행복하게 살았답니다'라는 해피엔딩으로서의 결혼. 이것으로 되었는가? 여기부터 『가족과 통치』에서 진짜 하려는 이야기가 나온다. 낭만적 사랑으로 완성한 '정상 가족' 모델은 여성과 남성의 성별 분업을 초래했다. 저자는 "스스로가 선택한 배우자에 대한 사랑의 정당성을 입증하기 위해 남성은 일터에, 여성은 가정에 헌신하는 성별화된 삶의 양식을 완성"시켰다고 밝힌다. 그리고 무엇보다 이 사랑의 주체는 '여성'이었다. 미디어는 사랑하는 연인과 결혼해 남편을 열정적으로 대하고, 육아 지식으로 무장해 아이 두어 명을 기르는 새로운 기혼 여성의 이미지를 선전했다. 여자라면 모름지기 이렇게 살아야 한다고 말이다.

빈궁하던 70년대, 개개인의 구체적인 삶에서 성별 분업과 부부중심 가족의 모습은 보편적으로 실현되진 않았다. 단 지향해야 할 표준이자 모델이 되었고, 여성은 스스로를 친밀성과 돌봄의 수행자이자 잠재적 가사전담자로 정체화했다. 그리고 노동시장에서는 낮은 임금을 감내해야 했다.

여기까지 흐름을 정리해보면, 가족계획사업에서 여성의 적극적 참여로 이루어진 출산 조절은 여성에게 해방과 쾌락만을 약속하지 않았다. 여성을 공동체와 대가족에서 분리해 자본주의에 필요한 노동력을 생산하고 돌보는 성별화된 주체로 종속화했다. 앞서 자본주의 성장과 발전에 가장 필요한 건 훈육된 노동력이라고 했다. 낭만적 사랑으로 탄생한 가정, 그 가정에서 애정으로 양산되는 양질의 훈육된 노동자. 그들은 국력에 보탬이 될 '인구'였다.

1980년대 2.1명까지 내려갔던 출산율은 2020년 이후 세계 최저의 수치를 기록했다. 그런데 인구 감소를 '생산연령인구의 감소'와 '고령화'로 의미화하는 건 어떤 함의를 지닐까? 끊임없이 거론되는 '생산연령인구'는 누구인가. 정부의 모든 저출산 대책은 결혼하면 주택지원을 해주겠다, 아이를 낳으면 지원금을 주겠다는 등 '정상'이라고 설정해둔 가족 모델만을 전제로 하고 있다. 여자와 남자가 낭만적 사랑으로 결혼해 생산인구가 될 노동자를 양육하길 바라는 건 예나 지금이나 변함없다.

이런 와중에 아동을 타국으로 보내는 해외 입양률은 2012년부터 2020년까지 천 명당 0.99명으로 중국(0.14명)의 7배에 달했다. 미혼모센터는 독일이 1,300개인 데 비해, 한국의 경우 미혼모 상담 등을 겸하는 가족센터가 244개 있을 뿐이다. 2023년 저출생 예산 40조 원 중 미등록 위기 아기와 미혼모의 생계지원은 턱없이 열악한 실정이다. 한국미혼모지원네트워크에 따르면 미혼모에 대한 정부지원은 임신 10개월간 국민행복카드 의료비 100만 원뿐이다. 또한 청소년 산모의 의료비 지원 예산은 2020년 기준 3억 대에 불과했다. 한국개발연구원은 저출생의 주요 원인으로 여성의 경력단절 우려를 꼽았지만, 정작 양성평등지원정책 올해 예산은 전년 대비 2.5%가 줄었다.

국가는 가족을 통치의 대상으로 삼는다. 가족이 바로 인구가 조절되는 자리니까. 그리고 구체적인 제도를 개별적인 가족에 적용함으로써 그 시대에 '정상'이라고 불리는 특정한 주체를 생산해낸다. 60~70년대 가족계획사업을 통해 '남편과 아이에게 열성적으로 헌신하고, 합리적이고 체계적으로 육아와 가사를 관리하는 기혼 여성'이란 주체가 형성된 것처럼. 그렇다면 지금은 어떠한가.

정부는 저출생 정책에 수조 원의 예산을 쏟아붓고 있지만 출산율은 반등하지 않는다. 이 사실은 사랑과 결혼과 성행위를 일치시키고, 여성을 친밀성과 돌봄의 주체로 삼아 지탱된 근대 가족 제도가 무너졌음을 증명한다. 저자는 생계 부양과 가사로 나뉜 일대기가 붕괴되고 모두가 '노동의 일대기'로 들어갔다고 말한다. 요즘은 맞벌이 부부든 비혼이든 만성적인 번아웃이 파다하다. 또 한 켠에선 '집중적 모성 실천'으로 인한 과잉양육이 나타난다. 그런데 더이상 작동하지 않는 정상가족 모델은 그대로 두고 필리핀에서 가사관리사를 저임금으로 수입하면 문제가 해결될 것인가.

저출생 담론을 위기로만 볼 경우, 우리의 삶은 통계화되고 수치화되어 '인구'로 포섭되어 들어간다. 그러므로 우리는 여기에서 우리 삶에 관여하는 권력이 어떤 방식으로 작용하고 있는지, 그래서 권력이 어떤 '정상성'과 '주체'를 생산하고 있는지를 살펴야 한다. 그것이 우리가 살아가고 있는 구체적인 모습과 조건을 증언하기 때문이다. 『가족과 통치』를 읽고 묻게 되는 건 결국 현재 우리의 모습이다. 우리는 이 시대를 어떻게 통과하고 있는가. 무엇을 정상으로 여기며 좇고 있는가. 그 결과로 어떤 증상이 나타나고 있는가. 만약에 저출산 대책을 세우는 것이 가능하다면, 여기에서 출발해야 하는 것이 아닐까. ▰

결혼 대신
동거를 선택하는 사람들

_ 프랑스의 시민연대계약, 팍스(PACS)

이승연

아티스트로 활동하며 한국 패션 잡지에 프리랜서 에디터로 글을 쓴다.
프랑스에 살면서 문화적 다양성의 중요성을 체감하고 있다.

미국에서 대학을 마치고 무작정 프랑스 파리로 건너왔다. 파리
에 가본 경험이라곤 학부 시절 어학연수로 한 학기를 보낸 것
이 전부였다. 처음 파리에서의 생활은 순조로웠고, 다행히 패션
회사에서 일하게 되었다. 하지만 시간이 지날수록 타지에서 사
회 새내기로 사는 삶은 쉽지 않았고 직장에서의 인간관계 등으
로 몸과 마음이 지쳐갔다.

　그러던 중 쥘리앙을 만났다. 영화 〈아멜리〉에 나올 법한 전형
적인 프랑스 남자였다. 우리의 데이트는 소박했다. 집에서 함께
영화를 보고 음식을 만들어 먹었다. 마음이 잘 맞는 누군가와
집에서 시간을 보낸다는 사실이 좋았다. 중학교 때부터 미국에
서 유학생활을 하면서 줄곧 가족의 품을 떠나 있었기 때문에
집에서 추억을 만드는 일이 더 즐거웠는지도 모른다.

　교제를 시작하고 거의 매일 서로의 집에서 시간을 보냈다.
그러다가 결국 함께 살기로 했다. 동거는 합리적인 선택이었다.
나와 같이 살던 룸메이트가 이탈리아로 돌아가면서 매달 1천
유로가 넘는 집세와 공과금을 혼자 감당하기에는 너무 부담스
러웠다. 그렇다고 룸메이트를 새로 구해서 친하지 않은 사람과
같이 살고 싶지는 않았다.

　한국에 계신 엄마는 당연히 반대했다. "결혼도 안 하고 어떻

게 남자랑 동거를 하냐!" 곧바로 잔소리가 쏟아졌다. 한국 문화에 익숙한 엄마가 이해하지 못하는 것은 알겠지만, 외국에서 많은 시간을 보낸 나 역시 엄마를 이해할 수 없었다. 집세를 내는 사람은 엄마가 아니며, 나는 쥴리앙과 함께 사는 것이 좋다고 설명하면서도 서운한 마음이 들었다.

프랑스 같은 서구권에서는 커플 사이가 가까워지면 동거를 하는 게 매우 자연스럽다. 오히려 동거를 하지 않는 커플이 있으면 사람들은 '그렇게 가까운 사이가 아닌가 보네'라고 생각하는 경향이 있다. 함께 살며 생활을 해봐야 서로가 어떤 사람인지 더 잘 알게 된다.

프랑스의 많은 커플은 곧바로 결혼하지 않는다. 일단 동거를 하다가 아이가 생기면 결혼을 하기도 하지만, 더 일반적인 방법은 팍스PACS, Pacte Civil de solidairé를 맺는 것이다. '시민연대계약' 정도로 번역할 수 있는 팍스는 미혼 커플이 배우자 권리를 인정받는 파트너십 제도다. 팍스를 맺은 커플은 서로를 '파트너'라고 소개한다. 평등하고 자유로운 두 성인이 합의에 의해 함께 살고 있다는 의미다. 결혼의 본질은 서로의 다름을 인정하고 노력으로 차이를 극복해가는 것이다. 팍스는 각자의 방식으로 살기로 한 시민들의 선택을 국가가 법으로 보장한다는 점에서 진정한 시민의 권리를 묻게 한다. 상대에 대한 진심이 있다면, 결합의 형태는 본질이 아니다.

워킹 비자가 있던 나 역시 결혼의 필요성을 크게 느끼지 못했다. 나는 아파트 계약을 해지한 후 쥴리앙의 집으로 들어가게 되었다. 거의 30년을 다르게 살아온 두 사람이 같은 공간에 살면서 싸우지 않으면 그게 더 이상한 일이었다. 그러면서 결혼식을 올리고 나서야 함께 살기 시작하는 커플들이 무척이나 용감해 보였다. 누군가와 함께 사는 것은 미지의 세계로 발을 들이는 것이다. 우리는 서로 싸우면서 경계를 알아가고 서로의 영역을 존중하는 걸 배웠다. 그와의 동거가 결혼이라는 의무감 때문이 아니라 나의 의지에 따라 선택한 결과라는 생각이 컸던 덕이다.

팍스의 시작

쥴리앙과 팍스를 맺게 된 것은 회사를 다닌 지 5년 정도 되었을 무렵이다. 나는 패션업계가 의외로 창의적이지 않다는 사실에 힘들어 하고 있었다. 이 회사에서 더 이상은 발전하기 힘들 것이 분명했고, 나는 더 재밌고 가치 있는 인생을 살고 싶었다. 다행히 회사를 나가더라도 2년 동안 월급의 70%에 해당하는 실업수당을 받을 수 있었다. 쥴리앙은 내 선택을 지지했고, 그림을 그리고 싶다는 결정을 존중했다. 부모님은 절대로 회사를 그만두면 안 된다고 했지만, 나와 함께 미래를 살아갈 사람은 부모님이 아니라 그였다. 대신 프랑스에서 더 안정적으로 머무르기 위해 쥴리앙과의 관계를 공식화하기로 했고, 팍스를 맺었다. 사귄 지 5년, 동거한 지는 3년 되던 해였다.

원래 팍스는 동성커플의 법적 권리를 보장하기 위해 마련된 제도였다. 현재 프랑스는 동성결혼이 합법이지만, 팍스 제도가 만들어진 1999년만 해도 그 필요성에 대한 사회적 공감대가 부족했다고 한다. 그래서 중간 단계로 결혼을 대체할 수 있는 제도를 만든 것이다. 2013년에 동성결혼이 합법화된 뒤에도 팍스는 사라지지 않았으며, 동성커플은 물론 결혼에 담긴 종교적·전통적 사고방식에 동의하지 않는 커플이나 간소한 결합 방식을 원하는 이성 커플에게 인기가 높다.

팍스를 맺으면 국가에서 발급하는 증명서에 기록되고 파트너는 배우자로서의 법적 권리와 의무를 진다. 양도세, 소득세를 비롯한 세금이나 통신료, 건강보험료도 결혼한 부부와 같은 수준으로 공제 해택을 받을 수 있다. 증여나 상속, 연금은 그에 비해 제한적이지만, 재산에 관해 미리 공증을 받는 것으로 어느 정도 보완할 수 있다. 오히려 결혼한 부부가 이혼 소송을 밟기 위해 법정에 가고 많은 돈과 시간을 쓰는 것에 비해, 팍스를 맺은 커플은 간단한 서류를 보내는 것으로 서로의 관계를 정리할 수도 있다.

팍스는 1998년 사회당 리오넬 조스팽 총리의 주도로 만들어

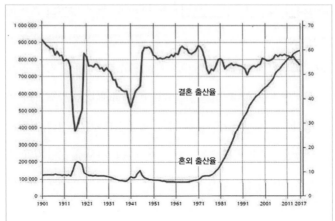

결혼 출산율

혼외 출산율

프랑스에서는 1980년대 이후 팍스가 빠르게 늘어나면서 혼외 출산 비율이 60%를 넘어섰다.

졌다. 통과되기까지의 과정이 쉽지는 않았다. 기독민주당과 보수 우파의 반대가 만만치 않았기 때문이다. 당시 기독민주당 당원이었던 크리스티나 부탕은 입법 표결 전 5시간 동안 성경을 들고 필리버스터를 하며 동성애를 인정하는 모든 문명은 쇠퇴할 것이라고 주장하기도 했다.

그러나 이제는 부탕을 비롯한 정치인 대다수가 팍스에 찬성한다. 프랑스 통계청INSEE에 따르면 2022년 팍스 커플은 역대 최대치인 21만 쌍에 달했다. 같은 해 혼인 부부는 24만 쌍으로, 별 차이가 없다. 팍스에 대한 선호는 젊을수록 높다. 신기한 것은 결혼한 부부의 30%가 이혼을 하는 데 반해 팍스를 해지하는 비율은 10% 정도로 현저히 낮다는 점이다.

한국에서 결혼식을 올린 친구들의 이야기를 들어보면 준비

과정에서부터 상당한 스트레스를 받는다. 결혼 장소나 스드메(스튜디오 촬영, 드레스, 메이크업) 등을 결정하는 과정에서 의견 차이로 다투기도 하고, 가족이나 친척들이 두 사람의 결혼에 개입하는 경우도 많다. 이 모든 것을 몇 개월에 걸쳐 준비하다 지쳐 정작 결혼식 당일은 즐길 새도 없이 지나가 버렸다고 말하는 커플도 있다. 스스로는 결혼식을 올리고 싶지 않았지만 가족들의 체면치레를 위해 행사를 치른 것 같다고 말하는 친구도 있었다.

결혼보다 중요한 건 아이를 잘 키우는 것

남자친구와 동거하던 쥘리앙의 여동생 폴린느가 임신을 했다. 부모님의 최대 관심사는 임신한 딸이 아이를 어떻게 키울 것인가다. 결혼 여부에 대해서는 전혀 간섭하지 않는다. 오랜 세월을 살아보니 결혼이라는 제도만이 아이가 행복하게 자랄 수 있는 조건은 아니라는 걸 알았다면서. 쥘리앙 부모님은 왜 결혼이 필요한지 묻는 내 질문에 너무나 쿨하게 "파티를 하려고 그러는 거지"라고 했다. 결혼식만큼 많은 사람들과 즐거운 시간을 보낼 수 있는 이벤트가 없다는 것이다. 두 분의 얘기를 듣고, 아이를 낳아서 잘 기를 수 있는 사회적 토대가 갖춰져 있으면 오히려 결혼은 하루쯤 즐거운 시간을 보내기 위한 이벤트에 불과한 것이겠다는 생각이 들었다.

　프랑스의 젊은 세대들도 결혼식을 거추장스러운 이벤트로 생각하고, 그보다는 동거하면서 아이를 기르는 과정에 더 많은 노력과 정성을 기울인다. 임신한 폴린느에게 결혼에 대해 물었다. "물론 내 주변에도 결혼을 안 하고 아이 낳는 건 상상할 수도 없다는 사람들이 있긴 해. 하지만 대부분은 결혼에 5만 유로를 쓰느니 아이 통장에 그 돈을 넣는 게 더 현실적이라고 생각하지." 폴린느는 법적 성인이 되고 나서도 사람의 가치관은 변할 수 있고, 이에 따라 잘 맞는다고 생각했던 커플이 헤어질 수도 있는 것이니 결혼을 서두르지는 않겠다고 했다. 오히려 아이를 기르다 보면 재산 상속 같은 법적인 문제로 인해 결혼을 고민할 수는 있겠다고 말했다. 결혼이 아이를 낳기 위한 전제 조건이 되지는 않는다는 것이다. 폴린느는 지금 더 중요한 것은 아이에게 얼마나 정성을 쏟을 수 있는지에 대한 약속이라고 말했다. 두 사람이 아이에게 충분한 관심과 시간을 쏟겠다는 마음가짐과 실천은 서로에 대한 사랑의 맹세와 다르지 않다고 했다.

　한국에서 엄마가 오시면 깜짝 놀라는 장면이 있다. 항상 아이들로 미어터지는 놀이터 풍경이다. 정말이지 놀이터마다 수많은 아이들이 곳곳에서 놀고 있는 모습을 너무 쉽게 볼 수 있다. 프랑스에서는 동거하면서 아이를 낳는 것이 눈치를 봐야 할 행동이 아니다. 2017년 통계로 프랑스에서 결혼하지 않고 팍스를 맺거나 동거 중인 커플 사이에서 태어난 아이의 비율이 60%에 이른다. 법적 부부 관계가 아닌 남녀 사이에 태어난 아이가 열에 여섯이라는 말이다.

이것이 가능한 이유는 결혼하지 않은 부모 사이에 태어난 아이를 차별하지 않는 각종 사회보장제도 덕분이다. 팍스를 맺은 커플의 숫자와 결혼한 커플의 숫자가 비슷해지자 프랑스는 2006년, 비혼인 관계에서 태어난 아이가 어떤 경우에도 신분상 차별을 받지 않도록 가족관계법을 개정했다. 프랑스 국립 인구 연구소는 한국 언론과 인터뷰에서 프랑스의 출산율이 높은 이유로 "아이를 마음 편하게 낳을 수 있는 사회적 환경"을 들며 "정부가 젊은이들의 불안을 해소해줘야 결혼과 출산을 마음먹을 수 있다"고 했다. 저출산을 극복한 대표적 나라로 손꼽히는 프랑스의 2020년 합계출산율은 1.83명으로 유럽연합에서 가장 높다.

프랑스에서는 임신을 하면 병원에서 진단서를 받아 정부에 가족수당을 청구할 수 있다. 제출해야 할 서류의 대부분은 아이 엄마에 대한 정보다. 엄마가 직접 수당을 받지 않는 경우에는 누가 수당을 받는지에 대해서만 적으면 된다. 결혼을 했는지 아닌지, 아이 아빠가 누구인지에 대해 쓰는 란은 없다. 미혼이나 비혼 부모도 혜택을 받는 데 아무런 어려움이 없다. 프랑스에는 비혼모와 비혼부, 혹은 배우자와 이별하고 혼자 아이를 키우는 사람들이 정말 많다.

복지제도가 잘 갖춰진 이 나라에서도 혼자서 아이를 돌보는 것은 분명 어려운 일일 것이다. 하지만 적어도 혼자서 아이를 키우는 사람에 대한 부정적인 시선은 거의 없다. 프랑스의 출산 정책에서 가장 중요한 부분은 어떤 형태로든 임신한 아이를 낳고 기르는 데 필요한 도움을 국가가 제공하는 것이다. 임신 6개월 이후부터 아이를 낳을 때까지 모든 병원 비용을 국가에서 부담하며, 아이를 낳으면 만 18세까지 한 달에 1천 유로(한화 150만 원)가량을 양육자에게 지급한다. 자녀가 많을수록, 소득이 낮을수록 매달 받는 수당이 늘어난다.

누구나 가족이 될 수 있다

내가 6년의 팍스 생활 끝에 아이를 낳겠다고 결정했을 때 (한국 부모님의 성화로) 양가 부모님을 인사시키는 형태의 스몰 웨딩을 올렸다. 도매상가에서 천을 떼다 친구의 어머니가 만들어주신 짧은 웨딩드레스를 입고, 스스로 헤어와 메이크업을 손본 후 니스시청에서 식을 올리고 바닷가 호텔에서 가족들과 식사를 했다. 우리 아이는 네 살이 되었고, 지금 유치원을 다니고 있다. 유치원에서 만나는 다른 부모들은 우리 커플이 결혼을 했는지

국가	제도	시행 시기	내용
프랑스	시민연대계약 (Pacte Civil de Solidarité)	1999년	법원에 동거 계약을 신고하면 소득 세액 공제, 사회보장급여 등의 혜택을 결혼 관계와 동등하게 인정함.
영국	시빌 파트너십 (Civil partnership)	2004년	동성 동거 커플에게도 세금, 연금, 상속 등에서 결혼과 같은 법적 권리를 인정함. 2018년에 이성 동거 커플에까지 확대함.
독일	생활동반자등록법 (Lebenser- parterschaften)	2001년	2017년 동성 결혼이 합법화되기 전까지 동성 파트너의 법적 권리를 인정한 제도.
스웨덴	동거법 (Sambolagen)	1988년	동거 커플을 법적 사실혼으로 인정. 임신 출산 보육에서 결혼 커플과 차별 없이 지원. 별거나 사별 시 재산 분할 권리도 부여함.
네덜란드	파트너등록법 (National Registered Partnership)	1998년	동거를 3가지 형태로 구분해 계약 동거 허용. 결혼 부부와 동일한 법적 권리와 의무를 인정함.

안 했는지 아무런 관심이 없다. 그저 아이들이 가정에서 행복하고 학교에서 좋은 시간을 보내며 잘 자라고 있는지가 중요할 뿐이다.

　아이를 낳겠다고 했을 때도 엄마는 놀라서 길길이 뛰었다. 결혼도 하지 않고 어떻게 아이를 낳느냐고. 하지만 나는 팍스 계약을 맺은 우리가 아예 결혼을 하지 않은 상태는 아니라고 생각했다. 한국에서는 결혼하지 않는다는 말이 독신으로 살겠다는 것과 같은 뜻으로 받아들여진다. 결혼만이 연인 관계인 두 사람의 사랑을 보증해줄 수 있는 유일한 제도이고, 동거는 아직 철없는 젊은이들이나 선택하는 것이라고 생각한다.

다양한 가족을
지원하는 제도들

그러나 최근 한국에서도 젊은 세대를 중심으로 전통적인 가족상을 거부하는 사람들이 늘어나고 있다. 자유롭게 연애하고 싶어 하는 청년들이 동거를 꿈꾸는 것은 어떻게 보면 반가운 현상이다. 서로 더 깊이 이해하고 알아갈 수 있는 기회를 갖겠다는 뜻이기 때문이다. 결혼을 미루거나 거부하는 젊은이들도 많다. 결혼 생활을 유지하는 데 드는 비용이 만만치 않은 현실 때문일 수도 있고, 한국의 결혼 문화가 여성에게 희생을 요구하기 때문일 수도 있다. 그러나 근본적인 이유는 점점 더 많은 사람들이 결혼으로 만들어지는 가족만을 정답으로 여기지 않기 때문일 것이다. 이렇게 달라지는 흐름을 보면서 여전히 과거의 기준을 들이대서 이들의 삶을 해석하는 것은 시대에 뒤떨어진 일이 아닐까 생각한다.

한국에서는 저출산이 심각한 사회문제로 대두되고 있지만 정작 혼외 관계에서 태어난 아이들은 제대로 보호받지 못하고 있다. 기존의 규칙을 고수하느라 실제로 국민의 생활에 필요한 제도를 개선하는 데는 뒷전인 모양새다. 선진국이라 불리는 나라들은 모두 과거의 전통과 관습을 타파하고 새로운 가치를 만들어가는 과정을 거쳤다. 다양한 가족 형태를 인정하고 이들이 제도의 보호를 받을 수 있도록 관련법을 정비해온 프랑스 사회를 통해 한국 사회에서도 국가와 개인의 관계가 어떠해야 하는지 질문이 시작되면 좋겠다. ▨

'이런' 세상에서
아이를 낳고 기른다는 것

현 병 호

《민들레》 발행인. 『스스로 서서 서로를 살리는 교육』, 『반지성주의보』를 썼고
『소통하는 신체』, 『마지막까지 살아남은 사람』 등을 우리말로 옮겼다.

인구 감소의 명암

현대 사회의 두 축인 민주주의와 자본주의는 인구 문제와 밀접하게 연동되어 있다. 보편선거의 원칙상 인구 수가 정치적 권력을 결정하기 때문에 인구 감소는 정치적으로 민감한 문제다. 또한 인구 감소는 노동력의 가치를 높임으로써 계층 격차를 줄이는 효과를 낳고, 부동산 재테크를 힘들게 만들어 그동안 꾸준한 인구 증가 덕분에 불로소득을 누려온 이들의 자산가치를 떨어트린다. 하지만 부동산 시세 하락은 소비 감소와 전반적인 불경기를 낳아 결국 경제 전체의 활력이 떨어지게 된다. 인구 감소를 우려하는 주된 이유일 것이다. 아동 관련 산업은 당장 발등의 불이다.

한국을 비롯한 몇몇 나라는 인구가 줄고 있지만 지구촌 인구는 여전히 늘고 있다. 세계 인구는 2022년 11월에 80억 명을 넘어섰으며, 예측 기관마다 차이가 있긴 하지만 2050~2080년 즈음 90~100억 명 수준에서 정점을 찍고 감소 추세로 돌아설 것으로 전망한다. 빈곤층이 줄고 여성 지위가 향상되는 흐름에 따른 변화다. 인류 차원에서는 한동안 인구 증가가 더 문제이겠지만 파국적인 결과를 맞지는 않을 듯하다. 더 긴 안목에서 인간종의 감소는 인류의 지속가능성을 높이고, 인간에게 너무 많은 것을 빼앗긴 지구상의 다른 생명들에게도 좋은 일일 것이다. 에너지를 많이 소비하는 인구가 더 빨리 줄어드는 것은 지구적 차원에서 좋은 일이다.

하지만 인구의 급격한 감소는 인간 사회에 충격을 준다. 인구 밀도가 높은 사회에서 인구가 서서히 줄어든다면 문제될 것이 없지만 급격한 감소는 여러 가지 사회문제를 낳기 마련이다. 더욱이 한국 사회처럼 급격히 진행되는 고령화와 맞물리면 문제가 더욱 악화된다. 우리 사회의 빈곤층 노인 비율은 OECD 1위다. 전체 노인의 40%를 넘어 일본의 두 배에 이른다. 과도한 사교육비 부담으로 노후자금을 적립하기 어렵다 보니 빚어지는 현상이다. 출산율이 세계에서 가장 낮은 것도 이와 무관하지 않을 것이다. 자녀 양육과 교육에 대한 부담이 출산을 꺼리게 되는 주요 이유 중 하나다. 노인 빈곤율과 출산율이 반비례한다는 사실은 통계에서도 나타난다.

집값 상승으로 아기 갖는 것을 부담스러워 하는 젊은이들도 적지 않다. 아파트를 장만하지 않고는 아이를 낳아 기를 엄두가 안 난다는 이들도 있다. 옛날에는 남의 집 단칸방에서도 아이를 잘만 낳았다고 말하는 것은 '라떼 시리즈'일 뿐이다. 늘어나는 주택담보 대출금 이자에 어깨가 굽고, 아이 사교육비를 대느라 허리가 휜다. 주택과 아이를 볼모로 잡고서 '삥'을 뜯는 사회 시스템이 바뀌지 않는 한 저출산 문제는 해결되지 않을 것이다. 비혼과 비출산은 이런 사회 시스템에 대한 개인 수준의 대응이자 대안으로 볼 수 있다. 사회 시스템이 바뀔 기미가 보이지 않으니 시스템에 보이콧을 하게 된다.

집단적 무능은 어디서 비롯할까

좁은 땅에 밀집해 살면서 지나치게 경쟁적으로 살아가는 종족의 개체 수가 줄어드는 것은 생물학적으로 자연스러운 현상이다. 북유럽 산악지대에 사는 설치류인 레밍은 폭발적인 번식력으로 개체 수가 일정 정도를 넘어서면 집단자살을 하는 것으로 알려져 있다. 사실은 의도적으로 자살하는 것이 아니라 먹이를 찾아 떼지어 이동하다 방향을 바꾸지 못해 바닷가 벼랑에서 떨어져 죽는 것이라고 한다. 지독한 근시여서 멀리 보지 못하는 데다 빠른 속도로 무리지어 달리느라 멈추지 못해 일어나는 일이다. 덕분에 적정 개체 수가 유지되는 셈이니 그 또한 자연의 보이지 않는 손이 작동하는 것이라고 볼 수 있다.

불행히도 인간종 역시 그리 다르지 않다. 움직이는 집단은 한번 방향을 정하면 방향전환이 쉽지 않다. 미래를 내다보는 지혜로운 지도자가 강력한 리더십을 발휘하는 예외적인 경우가 아니면 관성과 가속도의 힘에 의해 가던 길로 폭주하기 십상이다. 오늘날 한국 사회의 인구 감소는 어떤 면에서는 여성을 억압해온 우리 사회가 맞닥뜨린 업보다. 1980년대 초음파

기술이 도입되면서 태아의 성별을 알 수 있게 되자 여아를 낙태시키는 사례가 급증했다. 당시의 남녀 성비 불균형이 2016년 이후 급격한 출산율 감소에 한몫하고 있을 것이다. 산업구조가 여성 노동력을 필요로 하면서 여성들의 사회 진출이 늘어났지만 육아를 힘들게 만드는 사회구조는 개선되지 않으면서 출산 파업에 가까운 현상이 나타났다. 때맞춰 급진 페미니즘이 확산하면서 성별 갈등이 심화되고 비혼주의자들이 늘어난 것도 출산율에 적지 않은 영향을 미치고 있을 것이다.

개인에겐 합리적인 선택이 집단 차원에서는 나쁜 결과를 초래하기도 한다. 아들을 선호해 낙태를 선택한 합리적인 결정이 집단의 성비 불균형을 낳고, 힘든 육아를 기피하는 합리적 결정이 공동체의 붕괴로 이어진다. 인구 감소는 적어도 한 세대를 두고 예고된 미래다. 지난 17년 동안 저출산과 고령화 대책으로 380조 원이라는 천문학적인 예산을 쓰고도 합계출산율 0.72라는 충격적인 결과를 맞았다.

인구의 급격한 감소가 예측되었음에도 대책다운 대책을 세우지 못한 '집단적 무능'은 어디에서 비롯되는 걸까. 이는 개인들의 잘못된 선택의 결과라기보다 사회지도층의 무능 때문이라고 봐야 한다. 시험 잘보는 인재를 기르는 데 주력해온 교육의 실패이기도 하다. 리더의 수준은 국민의 수준이 결정하므로 결국 우리 모두의 책임으로 귀결된다.

아이들이 귀한 시대?

인류 역사에서 아이들이 귀한 존재로 대접받기 시작한 지는 얼마 되지 않는다. 늘어나는 인구를 생산력이 받쳐주지 못하던 시대에는 영아 살해가 흔한 일이었다. 19세기까지만 해도 일본에서는 태어난 아이를 죽이는 일이 비일비재했는데, 이를 마비키間引き(솎아내기)라 불렀다. 마치 텃밭에서 어린 채소를 솎아내듯 한다는 말이다. 코카에시子返し라고도 불렀는데, '신에게 아이를 되돌려준다'는 뜻이다. 오늘날 택배로 받은 상품을 반품하듯 영아 살해가 별 죄책감 없이 이루어졌다. 에도 시대까지만 해도 자녀를 셋 이상 둔 가정이 드물 정도로 마비키는 일본의 보편적인 관습이었다.

서구의 사정도 별반 다르지 않았다. 역사학자 로버트 단턴에 의하면 프랑스에서는 18세기까지만 해도 아이들의 45% 가까이가 열 살이 되기 전에 죽었다. 열악한 위생과 질병에 의한 사망률도 높았지만, 아동 유기와 영아 살해도 빈번하게 일어났다. 그럼에도 인구는 꾸준히 늘어나 민중들은 더욱 가난해졌고 성인들도 단명해서 계모, 계부 손에 자라는 아이들이 급증했다.● 많은 아이들이 숲에 버려지거나 구걸에 내몰렸다.

● 이는 계모에게 학대당하는 신데렐라 이야기의 시대적 배경이기도 하다. (로버트 단턴, 『고양이 대학살』, 조한욱 옮김, 문학과지성사, 1996.)

산업혁명 이후 인구가 폭발적으로 늘어나면서 18~19세기에는 인구 증가로 인한 기아의 공포가 인류를 짓눌렀다. 인구는 기하급수로 늘어나는 반면 식량은 산술급수로 증가한다는 이론에 근거한 맬서스의 『인구론』(1798년)이 논리적 근거를 제공했다. 오늘날 문명중독 상태에 빠져 있는 현대인들은 실감하지 못하지만, 불과 백 년 전까지만 해도 기아는 인류가 보편적으로 맞닥뜨린 현실이었다. 20세기 초에 질소비료가 발명되면서 인류는 비로소 그 공포에서 벗어날 수 있게 되었다.

세계대전이 끝나고 식량 생산이 늘고 백신 등 의료기술이 발달하면서 인구가 급격히 증가하기 시작했다. 전쟁을 계기로 여성의 사회 진출이 활발해지는 한편, 1960년에 경구 피임약이 발명되고 피임법이 보급되면서 인구조절이 가능해지자 자녀를 한둘만 갖는 가정이 늘어났다. 어느덧 선진국에서는 인구의 증가보다 감소가 현실적인 문제로 대두되면서 아이들은 점점 더 귀한 존재로 대접받게 되었다. 논밭이나 공장에서 노동력을 제공하지 않는데도 아이들을 이처럼 귀하게 여기게 된 것은 인류 역사상 처음 있는 일이다.

하지만 우리 사회는 아이들을 위하는 사회가 아니다. 놀이터는 텅 비어 있고 부모는 일터에 매여 있어 아이들은 학교와 학원을 뺑뺑이 돌고 있다. 정부와 재계는 저출산을 우려하면서도 육아 환경을 개선하는 데는 인색하기만 하다. 태어난 아이를 제대로 돌보지도 않으면서 저출산을 걱정하는 것은 앞뒤가 맞지 않는다. 입양에 대한 사회적 편견도 여전하며 미혼모를 바라보는 시선도 곱지 않다. 입양 시 출생신고를 의무화하도록 입양특례법이 개정된 이후 출생신고를 꺼리는 어린 미혼모의 자녀들이 유기되거나 시설로 보내지고 있다.* 누구도 부모를 선택해 태어날 수 없는 세상에서 미혼 부모에게서 태어났다는 이유만으로 날 때부터 삶의 짐을 지나치게 지우는 현실을 그대로 둔 채 이른바 '정상' 가정의 출산율을 높이려고 애쓰는 건 부질없는 일이다. 아이들을 귀하게 여기지 않는 사회에서 출산율이 떨어지는 것은 당연하다.

아이들의 도시락을 까먹는 어른들

사회 제도도 문제이지만 환경도 아이들을 키우기에 점점 위험해지고 있다. 방사능이 땅과 바다를 오염시키고, 미세먼지가 하늘을 뒤덮고, 변종 바이러스가 출몰한다. 아이를 기르는 일이 지구적 차원에서 힘들어지고 있음을 피부로 느낀다. 지난 몇십억 년 동안 지구상에 존재한 생명체의 99%가 멸종했다는 과학자들의 견해를 진지하게 받아들인다면, 이 세상이 생명체에게

● 입양특례법이 개정된 2011년에 2,464명이던 입양 아동은 2012년 1,880명, 2013년 922명으로 급감했으며 2021년에는 415명으로 줄어들었다.

결코 안전한 곳이 아니라는 사실을 깨닫게 된다. 하지만 지구적 차원에서는 어떤 종의 멸종이 나쁜 일만은 아니다. 6천5백만 년 전 공룡이 멸종하지 않았다면 여전히 파충류의 시대가 계속되고 포유류가 번성하지 못했을 것이다. 물론 인간도 등장하지 못했을지 모른다.

사실 세상이 최근 들어 위험해진 것이 아니라 원래 위험했지만 작금의 위기는 자연적인 것이 아니라 인간이 자초한 면이 더 많다는 데 심각성이 있다. 오늘날 전염병이 창궐하고 자연재해가 언제 어디서 일어날지 알 수 없는 환경재앙을 겪으며 아이를 낳지 않기로 마음먹는 이들이 적지 않다. 이런 세상에 아이들을 태어나게 한 것을 미안해하고, 아이들 몫의 자원을 당겨 쓰고 있는 어른들의 모습을 부끄러워하는 이들도 많다.

한편 기후위기와 환경재해가 부각되면서 기후우울증을 앓는 아이들도 생겨나고 있다. 기후위기는 점점 심각해지고 있는데 어른들은 여전히 환경을 파괴하고 있고, 자신이 할 수 있는 일은 재활용 쓰레기를 모으는 정도뿐이니 무력감을 느끼게 된다. 기후종말론까지 가세하면 살아야 할 의미를 잃어버릴 수도 있다. 기후위기 교육을 할 때 주의해야 할 지점이다.

환경운동가들은 흔히 '기성세대가 후손들의 도시락을 까먹고 있다'고 비판하지만, 알고 보면 인류는 늘 그렇게 간당간당하게 생존해왔다. 도시락을 까먹는 대신 앞선 세대로부터 물려

받은 자산과 스스로 평생에 걸쳐 일군 자산도 물려주기에 후세 대도 그럭저럭 살아갈 수 있다. 다행히 대개는 부채보다 자산이 많아 후손들의 삶이 조금씩 나아진다. 아이들이 무력감이나 절망감을 느끼지 않도록 교육하는 것이 무엇보다 중요하다. 자연이 망가지고 세상은 문제로 가득하지만 우리 힘으로 하나하나 풀어갈 수 있다는 희망을 품고 문제를 해결할 실력을 기르도록 도와야 한다. 이미 태어난 아이들에게 미안해하기보다, 이들이 자라서 세상을 바꿔갈 수 있게 도와주는 것이 어른들의 역할일 것이다.

우리는 모두 빚진 존재들이다

어떤 의미에서 우리는 모두 세상에 빚을 진 채 태어난다. 부모와 사회의 도움으로 생명을 얻으며, 수천 년에 걸쳐 인류가 일군 유형무형의 유산을 물려받는다. 앞선 세대로부터 자산과 함께 부채도 물려받지만, 부채가 아무리 많아도 상속포기 선언을 할 수 없다. 이미 만들어진 세상에 태어나기 때문이다. 우리는 빚진 자로 이 세계에 등장하여 제 몫을 함으로써 빚을 조금씩 탕감받으며 겨우 생존하는 건지도 모른다. 워낙 큰 빚을 지고 있으므로 제 힘으로 갚을 수 있는 사람은 없다. 뭔가 세상에 보탬이 되는 일을 한다면 약간의 체면치레를 할 수 있을 뿐이다.

시대마다 물려받는 부채의 종류가 다르지만, 오늘날 젊은 세대가 물려받은 부채가 이전 세대가 감당했던 부채보다 더 많은 것은 아니다. 선조로부터 가난을 물려받았던 기성세대는 밤낮을 모르고 일을 해야 했다. 그래도 기근과 전쟁을 물려받았던 선조들에 비하면 양호한 편이었다. 지금 자라나는 세대는 기후위기와 환경재해라는 부채를 물려받았다. 이전의 부채와 달리 이는 개인이나 국가 수준에서 감당할 수 있는 것이 아니다. 인류가 머리를 맞대고 풀어가야 하는 문제다. 지난 2백 년 동안 이룬 과학기술과 인터넷이라는 획기적인 소통 수단으로 이 문제를 풀 수 있을지는 알 수 없지만, 다행히 인류의 삶이 지속된다면 그 자산과 함께 또 다른 부채를 후손들에게 물려주게 될 것이다. 그렇게 삶은 세대를 이어 연결된다.

빚을 진다는 것은 어떤 의미에서 세상에 뿌리를 내리는 일이다. 자신이 부모와 사회에 빚을 지고 있음을 아는 사람은 세상과 긴밀하게 얽이지 않을 수 없다. 자연스럽게 자기가 할 일을 찾게 된다. 어려서 부모가 고생하는 것을 보면서 자란 아이들은 본능적으로 부모의 노고에 보답하고자 노력한다. 먼저 가족 안에 단단히 뿌리를 내린 후 울타리가 확대되면서 사회에서도 제 역할을 찾게 된다. 자신이 빚지고 있음을 자각하는 만큼 할 일이 생겨난다. 세상에 뿌리를 내리지 못하고 부유하는 젊은이들은 자신이 빚진 존재임을 모르기 때문일 수 있다. 개인과 사회의 관계 설정을 어떻게 하느냐가 관건이다.

모든 걸음이 앞선 걸음에 빚을 지고 있듯이 사람도 그러하다. 우리는 저마다 하나의 걸음들이다. 앞선 걸음이 전해주는 에너지를 이어받아 나의 한 걸음을 옮겨 다음 걸음으로 이어주는 것이 우리에게 주어진 역할이다. 자라나는 아이들에게 무엇보다 중요한 것은 세상과 연결되는 일이다. 흔히 가치 있는 것들은 고통 속에서 싹을 틔우고, 인간은 고난을 딛고 성숙한다. 아이가 행복하기를 바라는 것이 보통 부모들의 마음이지만, 어찌 보면 행복하지 못한 이들 덕분에 세상이 조금씩 개선되고, 예술이 꽃핀다. 아이가 설령 행복하지 못하더라도 세상에 단단히 뿌리를 내리고 자신의 삶을 감당할 수 있게 도와주는 것이 어른들의 역할 아닐까.

정의로운 돌봄,
인간다운 돌봄이 실현되려면

이 명 란

인권운동사랑방 상임활동가. '몽'이라는 활동명을 사용한다. 페미니즘,
소수자 운동의 힘으로 '포괄적 차별금지법'을 제정하는 것이 꿈이다.

코로나19는 '돌봄사회'로 전환해야 한다는 사회적 논의가 폭발한 결정적 계기였다. 코로나19 확산 직후 학교와 보육시설, 복지관 등 돌봄 기능을 수행하던 시설들은 '멈춤' 상태가 됐다. 하지만 아동·노인·장애인 같은 취약한 이들에 대한 돌봄, 사람들의 생명·안전과 결부된 돌봄은 비대면으로 대체될 수도, '셧다운' 될 수도 없는 것이었다. 돌봄사회로의 전환은 일상을 유지하는 데 필수적이지만 가시화되지 않던 노동이자 관계가 바로 '돌봄'이라는 자각, 삶과 사회의 재생산에 핵심적인 '돌봄'을 저평가해서는 안 된다는 성찰을 담은 사회적 요구였다. 하지만 지난달 코로나19 위기 단계가 하향된 직후, 모순적이게도 '공공돌봄'을 표방했던 서울시사회서비스원 지원 조례가 폐지됐다. 돌봄을 담당하던 공공기관에 대한 정부의 재정 지원 또한 이미 대대적으로 삭감된 후였다.

하지만 코로나19 위기가 줄어들었다고 해서 독박돌봄, 간병 파산과 간병 살인, 돌봄학대, 신新 고려장이 된 '사회적 입원' 등 돌봄 위기는 사라지지 않는다. 코로나19는 그 이전부터 한국 사회가 돌봄을 어떻게 배제해왔는지를 깨닫게 한 계기일 뿐, 원인이 아니기 때문이다. 돌봄은 특정 계층이 아니라 사회구성원 전체의 절박한 필요이자 욕구다. 2022년 한국여성정책연구원의 '돌봄에 대한 국민 인식조사'에 따르면, 사람을 돌보는 일은 경제를 성장시키는 것만큼이나 가치 있는 일이다(93%), 돌봄은 지속가능한 사회를 위해 필요하다(92.4%)는 의견에 많은 사람들이 동의하고 있다. 하지만 돌봄을 중요한 가치로 인식하는 것과는 상반되게 돌봄에 대한 불안도는 매우 높게 나타난다. 돌봄을 받는 입장에서도, 돌봄을 제공하는 입장에서도 '걱정'과 '부담'이라는 의견이 70~80%를 웃돈다.[●]

간병돌봄에 대한 최근의 설문조사에서도 이런 불안이 두드러진다. 대부분의 사람들은 '가족의 간병 문제는 가정 내에서만 해결하기는 어렵다'(82%)고 생각하며 국가의 사회적 책임(89%)을 요구한다.^{●●} 최근 들어 젊은 나이에 가족을 돌봐야 하는 '영케어러young carer'에 대한 관심이 집중되고 있는 것도, 간병돌봄은 나이에 관계없이 누구에게나 닥칠 수 있는 일이지만 그 책임이 온전히 가족에게 지워져 있다는 문제의식 때문이다. 전환의 핵심은 돌봄 위기를 불러온 사회 구성과 운영의 원리가 어떤 가치에 기반하며, 그로 인해 어떤 돌봄 부정의injustice가 보편화되었는지를 직시하는 것이다.

● 김은지 외, 「젠더 관점의 사회적 돌봄 재편방안 연구(I): 개인화 시대 돌봄 정책 패러다임 전환」, 한국여성정책연구원, 2022.

●● 한국리서치, '[기획] 간병이 필요한 시대에 사는 우리-간병에 대한 인식 조사', 「여론 속의 여론」, 2023. 7. 25.

여성의 돌봄과 노동시장의 변화

현대에 사회재생산° 위기가 두드러지고 이에 대한 국가 개입이 강조되는 배경에는 여성의 대대적인 노동시장 진출과 고령인구의 절대적 증가, 그에 따른 돌봄 공백의 증가가 있다. 하지만 가족의 돌봄노동을 주로 담당하던 여성들이 노동시장에 진출한 것은 그들의 사회경제적 지위가 향상되었기 때문이며, 이것이 현재의 돌봄 위기로 이어졌다는 진단은 왜곡된 통념에 가깝다. 여성의 노동시장 진출은 지속적인 경제성장과 완전고용의 환상이 깨지면서 확대되었다.

여성의 경제활동이 증가한 1990년대는 산업구조의 변화로 노동의 유연화, 비정규직화, 노동력의 지구적 이동이 이루어지던 시기다. 남녀의 임금격차가 줄어든 것은 '여성의 약진이 아니라 남성 노동계급의 몰락의 결과'°°였다는 점 또한 기억할 필요가 있다. 여성의 경제활동은 가구소득을 떠받치는 필수 조건인 동시에, 여성이 임금노동과 돌봄노동의 이중 부담을 떠안게 된 주요 조건이다.

● 생산의 필수 조건으로서 사회재생산은 가사나 돌봄노동뿐만 아니라 섹슈얼리티, 출산과 양육, 돌봄과 사회화, 세대의 연결 등을 통해 인간 존재와 삶의 전반을 조직하는 활동을 포괄한다.

●● 김영미, '분포적 접근으로 본 한국 성별 임금 격차의 변화, 1982년-2004년', 《경제와 사회》 84, 206-229, 2009.

여성의 경제활동 증가가 '성평등의 진전'과 무관하지는 않다. 다만 노동·복지 체계와 분리된 젠더 정책은 실현 가능하지 않으며, 현재의 돌봄 위기는 노동·복지·젠더를 교차적으로 고려하지 않고서는 돌파하기 어렵다는 것을 기억해야 한다. 돌봄을 서비스 차원이 아니라, 사회 구성과 운영의 원리로 설정한다는 것은 어떤 의미일까. 여성주의 관점에서 돌봄을 연구해온 이들은 돌봄을 주고받는 모두에게 정의로운 돌봄, 인간다운 돌봄이 실현되려면 탈시장화, 탈가족화, 탈젠더화라는 세 방향을 동시에 추구해야 한다고 제안한다.

가족화·젠더화를 벗어난 '탈시장화'

이상적인 '복지국가'의 모습은 '지불한 만큼 서비스를 누릴 수 있다'는 시장원리에서 벗어나 삶에 필수적인 사회서비스를 개개인의 권리로서 보장받는 것이다. 하지만 한국을 포함한 여러 나라에서는 남성-일-생계부양자, 여성-돌봄-가정주부라는 자본주의적이고 가부장적인 성별 분업 체계를 기반으로 복지국가를 실현해왔다. 모든 복지 수급이 가족관계를 기반으로 한다는 사실을 떠올려보자. 지금의 복지체계를 뒷받침하는 핵심조건은 바로 이성애 핵가족을 중심으로 구축된 '정상가족' 제도와 규범이다. 여성들의 사회적 진출 후 오랜 시간이 지났어도,

비혼·동거·한부모 등 가족구성이 다양하게 변하며 이성애 중심의 핵가족 규범이 급격하게 약화되었어도 '남성-일, 여성-돌봄'이라는 성별 분업 체계는 해체되지 않고 있다. 또한 복지체계가 노동시장으로 진출한 여성들을 다시 가족 안으로 끌어들이는 역할을 하면서 빈곤을 강화하고 있는 것도 사실이다.

현 정부는 "결혼·출산·양육이 행복한 선택이 될 수 있는 사회를 만들겠다"며 가족, 특히 여성에게 돌봄을 떠넘는 동시에 돌봄의 시장화를 가속화하고 있다. 윤석열 대통령은 "사회보장 서비스 자체를 시장화·산업화하고 경쟁 체제를 도입해야 한다"며 "보건복지부는 사회서비스산업부로 봐야 한다"고 말한 바 있다. 이러한 기조가 비단 현 정부만의 문제는 아니다. 이미 가사노동은 각종 플랫폼으로 시장화·외주화되어 있고, 돌봄노동은 거대한 시설화로 이루어지고 있다. 더구나 기존의 가족 기능을 시장에서 재화서비스로 구매하거나 타인에게 외주화할 수 있는 계층은 한정적이다.

계층화가 점점 뚜렷해지고 복지의 많은 영역이 이미 시장화된 상황에서 '돌봄을 둘러싼 가족 변동이 가장 근대적인 불평등의 요소가 될 것'[*]이라는 예측은 너무나 정확하고 암울한 근미래다. 돌봄에 대한 국가 책임의 방향이 '시장화'가 아니라 '사

● 박종서 외, 「한국 가족의 변동 특성과 정책적 함의─1997년 외환위기 이후 변화를 중심으로」, 한국보건사회연구원, 2020.

회공공성 강화'로 가려면 가족·젠더 자원을 동원해온 기존의
양상을 성찰하고 그를 함께 변화시키려는 관점이 필수적이다.

노동시장 내 성평등을 동시에 촉진하는 '탈가족화'

그동안 사회재생산 위기에 대한 국가 정책은 주로 직장 다니는
여성이 국가나 시장의 서비스를 통해 돌봄 책임에서 벗어날 수
있는 '탈가족화'를 향해왔다. 대표적으로 '일·가정 양립'이 여
성 정책, 성평등 전략으로 여겨져왔다. 하지만 탈가족화가 자연
스럽게 성평등을 향할 것이라는 기대는 사실 착시에 불과하다.
여성이 가족 돌봄으로부터 벗어나 새롭게 배치되는 곳은 저임
금 노동시장이며, 이는 여성 내 계층화와 양극화, 가구별 소득
불평등을 심화시킨다.

　2000년대부터 진보·보수 정부를 막론하고 여성의 사회활동,
일·가정 양립을 지원한다며 확대한 일명 '퍼플잡Purple job'은 유
연시간제· 초/단시간 일자리 도입 등으로 성별 직종을 분리하
는 수단이 되었다. 그들이 말하는 '여성 친화 일자리'란 주로 보
육교사, 요양보호사, 장애인 지원 인력, 보건의료 인력 등 아
동·노인·장애인 돌봄노동에 집중되어 있다. 이들 대부분은 최
저임금, 초과근로수당, 연차휴가 등을 보장받지 못하는 불안정
한 일자리들이다. 여성에게 돌봄노동 일자리를 배치하는 것은

돌봄이 다시 '여성의 일'이라는 인식을 강화한다. 이는 고질적인 성별 직종을 더욱 분리하고, 돌봄을 여전히 '가치 없는 노동'으로 여기게 만든다.

돌봄 위기는 차별적인 성별 노동시장의 구조 재편을 우선순위에 두어야 해소할 수 있다. 이는 무엇보다 '젠더화된 돌봄'이라는 핵심적인 부정의injustice를 교정하기 위해서도 절실한 과제다. '탈가족화'는 남성들이 돌봄노동에 획기적으로 참여하지 않고는 불가능한데, 지금까지 이 문제는 남성의 육아휴직 및 가족돌봄휴가 등 제도 변화 중심으로 논의되어왔다. 하지만 기존 연구결과에서도 확인할 수 있듯이 남성의 돌봄노동과 성별 분업 및 성역할 고정관념을 변화시키는 데 효과적인 것은 노동시장의 구조적 성차별을 바로잡는 것이다. 이는 일과 가족, 노동과 젠더를 동시에 교차적으로 다루는 관점과 제도가 돌봄 위기를 해소하는 데 얼마나 큰 영향을 미치는지를 말해준다.

돌봄에 가치를 부여하고 격려하는 '탈젠더화'

2019년 글로벌 여론조사기관인 입소스Ipsos가 글로벌여성리더십연구소와 함께 27개국 1만 8천여 명을 대상으로 성평등에 대한 남성의 역할을 조사했다. 설문조사의 한 항목에서, '집에서 자녀를 돌보는 남자는 남자답지 못하다'는 항목에 무려 76%의 한국인이 동의했다.[*] 2위를 차지한 인도(39%)보다 2배에 가까운 수치는 한국 사회에서 왜 이토록 여성의 '독박 돌봄'이 보편적인 경험인지를 쉽게 떠올리게 한다. 또 하나 흥미로운 점은 이 문항에 동의한 여성(84%)이 남성(69%)보다 훨씬 많았다는 점이다. 이는 한국 사회에서 성별 역할 규범과 돌봄에 대한 인식이 어떠한지, 즉 지지받고 승인되는 여성적·남성적 행동이 무엇인지, 가족에 대한 돌봄이 얼마나 가치 있는 일로 여겨지는지를 보여주는 지표다. 우리가 어떤 인식과 행동을 변화시켜야 하는지를 가리키는 지표라고도 볼 수 있다.

앞서 언급한 것처럼 돌봄의 '탈가족화'는 남성의 돌봄노동 참여 없이는 불가능하며, 돌봄노동에서 '면제'되었던 사람들이 돌봄에 참여하도록 하는 다양한 경로와 체계가 필수적이다. 하지만 돌봄이 지금처럼 가치 없는 일, 되도록 누군가에게 떠맡기는 노동으로 여겨질 때, 돌봄은 (특히 남성에게) '권리'로 인식되기 어렵다. 저임금 남성 노동자일수록 임신·출산·양육 관련 제도를 보장받기 어렵기 때문에 돌봄 책임에서도 소외될 가능성이 높다. 돌봄 위기 시대에 우리에게 필요한 것은 '더 잘 돌볼 권리'다. 이는 가족 안에서 서로 책임을 떠넘기기보다 성별 역

● Ipsos, Global Institute for Women's Leadership, 「International Women's Day – Global attitudes towards gender equality」, 5 March, 2019. (설문조사 결과 : www.ipsos.com/en-uk/international-womens-day-2019)

할 규범을 변화시키고, 돌봄에 대한 가치를 부여하고, 돌볼 권리를 지지하고 보장하는 국가의 책임을 만들어갈 때 가능하다.

돌봄, 모두를 위한 것으로

최근 '외국인 가사관리사 도입' 소식을 보면, 국가는 계층화·인종화·젠더화·시장화된 방식으로 지금의 돌봄 위기를 해결할 수 있다고 생각하는 듯하다. 여성의 경력 단절을 해결하고, 맞벌이 부부의 가사돌봄노동 부담을 줄이겠다며 내세운 외국인 가사관리사 도입 정책은 지난 세월 동안 노동·복지·젠더 체제가 심화시켜온 문제를 응축시켜놓은 모습이다.

이미 한국 사회는 돌봄 공백이 생기던 시기마다 특정 여성 집단에게 돌봄노동을 외주화해왔다. 1960~1970년대 산업화 시기에 부유층이 선택했던 어린 '식모', 1980년대 도시 빈곤층 기혼여성이 담당했던 '파출부', 1990년대 중반 이후의 결혼이주여성과 재중 동포, 그리고 2000년대 들어서 보다 확대된 돌봄서비스 시장에 대거 진입한 '조선족 이모'들까지. 이러한 외주화 과정은 국가가 농촌-도시 격차, 빈곤층-중산층 계층화, 노동시장-가족 갈등을 보다 효율적으로 관리하기 위한 것이었다. 그리고 이러한 과정 끝에 마주한 것이 바로 지금의 초저출생·초고령화·돌봄 위기다. 현재의 위기를 해결하기는커녕, 외국인 노동자를 저임금 가사도우미로 들이자며 "같은 생활권에서 일하면서 외국인에 대한 부정적 사회 인식을 전환하는 계기가 될 것"이라고 말하는 국민의힘 조정훈 의원의 주장은 참담하기까지 하다.

처음 고령화가 전세계의 화두로 등장한 1991년, 유엔은 「노인을 위한 유엔 원칙」을 채택했다. 고령화 문제 해결을 위한 행동의 목표는 '모든 연령을 위한 사회'였는데, 이는 고령화로 인한 위기가 노인뿐 아니라 '모두의 미래'에 관한 문제이기 때문이다. 현대의 돌봄노동 역시 마찬가지다. 어떤 생산-임금 노동도 돌봄-재생산 노동 없이는 불가능하다는 점에서, 모든 생산 노동은 재생산 노동에 '의존'한다.

초저출생 현상은 자본주의-노동복지-가족체계의 모순을 직감한 이들이 '자녀'라는 삶의 핵심 요소조차 포기한 생존 전략에 가깝다. 국가가 가족 간의 위계를 만들고 구성원들에게 역할을 강제하며, 돌봄 책임을 가족과 개개인에게 떠넘겨왔다는 것을 점점 더 많은 사람들이 깨닫고 있다. 그렇기 때문에 특정한 개인이나 집단만이 아니라 사회구성원 모두를 '잠재적 돌봄자'로 전제하는 사회적 전환이 필요하다. 친밀한 관계를 기반으로 노동복지를 설계할 때 돌봄이 권리로 설 수 있으며, 남성 역시 관계에 헌신하고 돌봄에 참여하는 존재로 변화할 수 있다. 여성이 보편적 노동자로 여겨지고 일터에서의 성차별이 해소

될 때, 일터와 가정을 오가는 우리의 일상이 자연스런 삶의 방식으로 자리잡을 수 있다. 청년들이 새로운 '의존' 관계를 구성할 수 있는 권리를 누리게 될 때, 안정적인 노동을 지속하면서도 가족이나 타인의 돌봄노동에 기꺼이 참여할 수 있다.

'시민적 돌봄' 개념을 제시한 『새벽 세 시의 몸들에게』의 저자이자 여성학자 전희경의 말대로 "우리가 희망해야 할 것은, 누구나 더 많이 돌보도록 격려받는 사회, 아무도 돌봄으로부터 '해방'되지 않는 사회"다. 이는 당연히 돌봄노동자에 대한 구조적 차별을 직시하고 '노동자의 기본 권리'를 보장하는 차원에서 이루어져야 한다. 시민들을 흩어진 개인으로 상정해 소외시키는 것이 아니라, 잠재적 돌봄자로 상정하며 친밀성과 유대관계를 촉진해야 한다. 그리고 이 모든 것은 성장과 경쟁을 목표로 부정의를 재생산하는 방향이 아니라 돌봄과 협력으로 인간다운 사회를 구성하려는 정치적 의지로 실천되어야 한다.

돌봄을 국가가 책임진다는 것은 결국 돌봄을 사회의 중요한 가치이자 정의를 위한 원칙으로 만드는 것이다. 사회재생산 위기에 더욱 중요해진 돌봄노동을 어떻게 평등하게 조직할 것인가의 문제이기도 하다. 개개인들의 삶에서 상호관계성을, 국가체계에서 공공성을 향하는 집합적인 책임체제를 새롭게 구성해내지 않고서 돌봄사회로의 전환은 불가능하다. ▨

지방소멸 위기론에 대한 몇 가지 문제 제기

전 희 식

작가. 〈깨어남의 새벽수련〉 운영자. 장수 인구정책추진위원.
이 글은 '사단법인 밝은마을'과 《월간 광장》의 주최로 전북
진안에서 열린 '지방소멸 토론회'의 발제문을 보완한 것이다.

'지방소멸'은 사실일까

지방소멸이 걱정이라는 이야기가 자주 들린다. 지방에 사는 사람으로서 '소멸'이라는 말을 들을 때마다 섬뜩하다. 전쟁터에서 살상 행위를 '제거'나 '소멸'이라고 부르기도 하기 때문이다. 그러나 지방이 '소멸'하는 일은 단연코 없을 것이다. 여러 지표와 사회현상으로 '지방소멸'의 위험성을 입증코자 하는 연구발표와 보도가 있다는 걸 안다. 그것들이 전하고자 하는 메시지는 이해하지만, 그 논리에 동의하지 않으며 이른바 '지방소멸 불가론'을 제기하고자 한다.

지방소멸론을 펼치는 주된 근거는 지방의 인구 감소다. 더 정확히 말하면 출산율 저하와 고령 인구의 증가다. '지방소멸'이라는 말은 2011년에 일본 국토교통성이 「국토의 장기 전망」보고서에서 처음 사용했고, 2015년에 마스다 히로야라는 도쿄대 교수가 더 널리 퍼뜨려 위기의식을 높인 바 있다. 이러한 위기론은 종합적인 지구환경 측면에서나 인류 문명사적으로 볼 때 받아들이기 어렵다. 한국 현실에 비추어 봐도 그렇다.

문제 제기 1_ '지방소멸 위험지역' 설정의 비과학성과 임의성

20~39세 가임 여성 인구를 65세 이상 인구로 나눈 지수가 0.5

미만이면 '지방소멸 위험지역' 부른다. 그런데 이상한 것은 '위험지역' 지수가 있다면 당연히 지방이 사라져 없어지는 '소멸지수'가 있어야 하는데 그런 게 없다. 우리나라 지방자치법에도 그런 용어는 없다. 0.5 미만의 지수가 되면 살기 힘들어진다는 근거도 없다. 지수가 1.0을 상회하면 '지방확장' 지수인가? 소멸 지수가 있으면 확장 지수가 있어야 마땅하다 하겠으나 위기를 강조하는 것이 목적이라 그런 개념은 생각지도 않는다.

만약 그 의도가 행정구역 수의 감소나 통폐합이라면 굳이 '소멸'이라는 위협적인 단어를 쓸 일이 아니다. 인구가 줄어드는 지역이 있으면 행정구역을 통폐합할 수도 있고, 인구밀도가 낮아짐에 따른 정치·행정적 대응을 해서 다른 방식의 삶을 설계하면 되는 일이다. 여러 이유로 행정구역 통폐합은 지금도 비일비재하다.

일본에서 만들어낸 이 개념과 지수를 놓고서 우리나라 한국고용정보원을 비롯하여 여러 단체와 지자체들이 앞다투어 30년 뒤면 우리나라 지자체의 3분의1이 소멸한다느니 어쩌니 하는데, 이는 명백한 사실 왜곡이다. 이런 담론이 출산율 저하에 따른 정책적 대응을 요청한다는 점에는 동의한다. 대도시로의 인구 집중, 경제활동인구 감소 현실에 대한 우려를 담은 담론이라는 것도 안다. 따라서 이런 질문을 먼저 던져보고자 한다. 우리나라 또는 세계의 적정 인구는 얼마인가?

1983년, 우리나라 인구가 4천만 명을 돌파했다. 당시의 산아 제한 구호가 생생하다. '덮어놓고 낳다 보면 거지꼴을 못 면한 다', '하나씩만 낳아도 삼천리는 초만원' 같은 것들이었다. 참고 로 1925년 한반도 인구는 1천9백만 명이었는데, 2020년도에는 남한만 5천만 명을 넘어섰다[•](북 2,200만). 남한의 현재 인구는 모든 측면에서 과잉이다. 어느 연구에서 한국의 인구는 2천7백 만 정도가 적정하다고 말하는 걸 본 적이 있다. 현재 인구의 반 조금 넘는 수다. 이 땅에서 나는 것만으로는 5천만 명이 먹고, 입고, 쓰면서 살 수가 없다. 다른 나라의 자원을 가져와야 한다. 그것은 언젠가 한계에 직면한다.

인간의 활동이 자연생태계에 끼치는 부담을 '생태발자국'이 라는 개념으로 수치화하여 표시하는데, 1인 기준으로 한국은 기준치의 3.3배다. 그만큼 인구 과밀 현상과 과소비가 심각하다 는 얘기다. 80억 지구인이 한국인처럼 생태자원을 소비하면서 산다면 3.3개의 지구가 필요한 셈이다. 세계자연기금[WWF] 한국 본부가 발표한 「한국 생태발자국 보고서 2016」에 나오는 얘기 다. 40년 전 한국인 평균 1인의 소비량(온실가스 배출량)과 현재 의 차이는 몇 배가 될 것이다.

이런 이론도 있다. 모든 생명체는 생존 조건에 따른 생체호

● 이 글을 처음 쓰던 2020년 시점의 대한민국 인구는 5,182만 명이었다. 지난 3년 사이에 약 30만 명이 줄었다. 이미 순 인구 감소 국면에 접어들었다.

르몬 반응 체계가 있어서 자연스럽게 개체 수를 조절한다는 설이다. 환경이 급변하거나 식량 공급량이 줄어들면 호르몬 체계가 작동해서 정자의 숫자나 활동성을 떨어뜨리고 난자 생존율도 떨어진다는 주장이다. 실제 수조에 사는 생물들도 수조의 크기에 적당한 개체 수만큼 번식하다가 멈춘다는 보고도 있다. 이렇게 볼 때 한국 사회의 출산율 저하는 자연스러운 인구 조절 과정이라고 보는 게 타당하다.

현재 한국의 인구 감소가 흑사병 시기의 유럽을 능가하는 '재해' 수준이라는 의견도 있지만, 이 말에 동의할 수 없다. 경착륙이 아닌 연착륙이라고 본다. 전쟁이나 전염병 등으로 인한 경착륙식 대규모 인구 감소는 비통과 원망, 복수를 낳지만 지금과 같은 출산율 저하로 진행되는 연착륙 과정은 그렇지 않고, 자의적 선택에 의한 수순이다. 지금의 현상을 인구 조절의 자연스런 과정으로 수용하고, 이를 전제로 대응책을 마련하는 것이 바람직할 것이다. 출산율 높이기로 대응하는 것은 옳지 않다.

문제 제기 2 _ 과장된 '고령화' 담론

생산가능인구(경제활동인구와 구분) 감소도를 보면 전문가들이 인용하는 노령화 관련 통계 수치는 맞다. 우리나라는 고령화 사회(65세 이상 인구가 7% 이상)를 넘어 초고령 사회(65세 이상이 20% 이상)로 나아가고 있다. 그러나 최근 십 몇 년간의 통계만 인용하면서 강조하는 것은 전문가로서 양심불량이라고 본다.

저출산 시대에 태어난 세대는 이미 청·중년층이 되고 있다. 평균수명이 아무리 늘어난다고 해도 그들이 노년층으로 진입하면서부터는 고령화 비율이나 가임 여성과의 비교 지수가 낮아질 것이 명백하다. 지금의 가분수형 인구분포에서 항아리형으로 바뀔 것이고 종내에는 안정적인 모델로 갈 것이다. 그 과정을 차분히 맞이하는 게 맞다.

일본의 통계를 보자. 일본 내각부에서 나온 「고령화 사회 백서」 2016년도 통계를 보면 노령화 증가율이 뚝뚝 떨어지고 있다. 2000년도에서 2020년까지는 노령화 증가율이 11.7%였지만 2020년에서 2040년까지는 7%이고, 다시 2060년까지는 3.7%에 불과하다. 저출산 세대도 나이를 먹는다는, 너무도 명료한 사실을 드러내고 있다. 경제문제와 고령화, 1인 가구 증가, 경제성장률 둔화 등 많은 부문에서 일본을 따라가고 있는 한국도 예외가 아니다. 2018년 통계청의 고령화 통계를 보면 고령화 지수가 2020년에서 40년까지는 근 3배 증가하지만 40년에서 60년까지는 기껏 1.3배 증가에 그친다.

전문가들이 즐겨 인용하는 '인구 피라미드' 그림도 문제가 있다. 30~40여 년 전의 피라미드 형태를 보여주고는 중간 연령

층이 불룩한 항아리형 그림에 이어 고려청자같이 노령인구가
가분수 꼴인 그림까지만 보여준다. 추세에 따라 그다음 시기의
그림을 추론해서 그리면 거의 사다리꼴 형태가 될 것이다.

그런데 그런 그림은 안 보여준다. 인구 수에 따른 사회경제
적 문제를 중장기적으로 분석하려면 그것도 같이 놓고 얘기하
는 것이 옳다. 전문가 집단의 이런 '양심불량' 현상은 치매 문제
토론장에서도 종종 보인다. 비선형적인 치매 인구 증가율을 보
여주는데, 당연히 노인인구라는 모 집단의 크기를 놓고 치매
유병률을 말해야 함에도 치매 노인 증가만 얘기하는 경우다.
치매 인구 수가 늘어난다는 것만 가지고는 상황을 제대로 파악
할 수 없다. 절대 인구 수의 증가도 중요하지만 모 집단인 노인
인구 수와 대비해야 객관적인 실체를 알 수 있지 않겠는가?

2100년 예상되는
한국 인구 피라미드.
시간이 더 흐르면
오른쪽 2017년 미국
인구 피라미드처럼
바뀔 것이다.

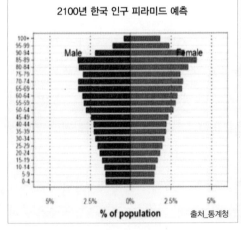

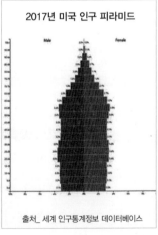

문제 제기 3_ 생산가능인구 감소에 대한 걱정

마지막으로, 생산가능인구에 대해 살펴보자. 15~64세의 인구가 줄어들면서 이들이 부양해야 할 노령 인구가 늘어날 거라고 걱정들을 한다. 이 역시 인용하는 숫자는 맞다. 하지만 곧장 큰 위기가 닥친 것으로 진단하는 것은 문제가 있다. 우선 주목해야 할 것은 고령화만 진행되는 게 아니라 활동 연령도 상향되고 있다는 사실이다. 요즘 65세, 즉 법적 노인이 되었다고 해서 뒷방살이를 자처하는 사람이 누가 있는가? 그 나이에도 여전히 활동력이 왕성하다. 옛날 지표를 가지고 경제활동인구를 따지는 것은 현실을 외면하는 것이다.

'소멸'이라는 말에서 우리는 출산율 저하를 바로 떠올린다. 그러고는 '농촌이 소멸한다'는 상상으로 이어진다. 하지만 이

2023년 시군구별 합계출산율 (단위: 명)		상위		하위	
	1	전남 영광군	1.65	부산 중구	0.31
	2	전남 강진군	1.47	서울 관악구	0.38
	3	경북 의성군	1.41	서울 종로구	0.4
	4	전북 김제시	1.37	서울 광진구	0.45
	5	강원도 인제군	1.36	대구 서구	0.48
	6	전남 해남군	1.35	서울 마포구	0.48
	7	경북 청송군	1.34	서울 강북구	0.48
	8	전북 진안군	1.32	서울 은평구	0.52
	9	전북 임실군	1.3	서울 도봉구	0.52
	10	강원도 양구군	1.28	서울 양천구	0.53

상상은 사실과 다르다. 실제로 출산율은 도시가 농촌보다 훨씬 낮다. 2023년 통계청 발표를 보면 합계출산율 상위 10위는 전남 영광, 강진, 경북 의성 등 농촌 지역이며 하위 10위는 서울, 부산, 대구 등 대도시의 일부 지역이다. 그럼에도 농촌에서 도시로 인구가 계속 이동하는 현상만 살피며 농촌 인구가 줄어드는 사실만 부각하니 농촌 소멸은 농촌 출산율 저하 때문이라고 인식하는 착시현상이 생긴다.

저출산과 수도권 집중은 우리가 일본보다 훨씬 심각하다. 수도권 인구집중도는 우리나라(50.24%)가 일본(30.12%)보다 훨씬 높다. 2023년 우리나라 합계출산율은 0.72명(일본은 1.26명)으로 세계에서 가장 낮다. 대체출산율(한 나라의 인구 수가 유지되는 데 필요한 합계출산율)이 대략 2.1명인 것을 고려하면, 이대로 계속 가다가는 언젠가 나라 자체가 소멸할 것이다. 서울의 합계출산율은 세계 역사상 가장 낮은 0.54명으로, 전국 평균에도 훨씬 못 미친다. 수도권 인구 집중은 인구 감소를 가속화할 것이다. 지방소멸론대로라면 지방이 소멸하고 대한민국이 소멸한다. 그렇지만 그런 일은 결코 일어나지 않을 것이다.●

지방소멸을 기정사실로 하는 과도한 공론들은 지자체들이 지방정부 예산 늘리기와 지방공무원 수 자연 감소 막기를 위해

● 박진도, '지방소멸 부추기는 지방소멸론', 《농정신문》, 2022. 7. 3.

퍼뜨리는 이데올로기가 아닌지 그 배후가 의심되는 대목이다. 농촌 지역에 과도한 토목사업을 들여다보면 대부분 인구 감소 문제와 맞물려 있다. 인구는 줄어드는데 시설 투자와 중복 투자는 끊이질 않는다. 인구 감소를 방지하기 위해 복지를 늘린다는 미명 아래.

문제 제기 4 _ 소멸지역 지정에 따른 위화감 조성, 탈지방화 가속화

'소멸지역'으로 거론되는 곳은 주로 농어촌 지역이다. 이런 기사를 보는 순간 '맞아. 농어촌은 살 만한 곳이 못 돼. 먹고살려면 도시로 가야 돼'라는 생각이 절로 난다. 감각과 욕망을 자극하는 도시의 많은 기재들이 떠오르게 된다. 그래서 농어촌 지원 사업들도 대개는 '농어촌의 도시화'다. 한편으로 도시적 욕망이 생태위기, 기후재난을 불러온다는 뉴스와 다큐멘터리가 있고, 다른 한편으로는 성장과 속도와 편의를 강조하는 각종 개발사업이 난무한다. 이번 총선 때 여야를 막론하고 가덕도 신공항 건설 공약을 강조한 것들이 그 예다.

성장보다 성숙의 사회로

이처럼 지방소멸 논리들은 따지고 보면 매우 부실하다. 위기를 증폭해서 만드는 정책은 문제가 있다. 인구 수가 경제성장에 요긴한 변수라는 것은 전근대적 사고다. 연령별 인구 분포 역시 과장된 측면과 함께 위기를 조장하는 분석들이 많다. 직업이 사라지고 노동의 종말이 운위되는 시대에 안 맞는 이야기다. 집값 잡고, 물가 안정시키고, 사교육 없애고, 경쟁 사회 완화하고, 복지 사각지대를 줄이는 데 집중해야 한다. 논거조차 부실한 지방소멸 지수 말고, 행복 지수, 소통 지수, 배려 지수, 평등 지수 등을 만들어보자. 귀하게 낳아 공들여 키우면서 세계 자살률 1위인 사회를 내버려두고는 출산을 장려하기에 낯 뜨겁다.

시대 흐름을 읽는 혜안을 가지고 생태 감수성을 살려서 야생 트레이닝, 제로 웨이스트, 농부장터 등을 기획한다면 사람들이 외부로 유출되는 걸 막고 유입의 요인을 제공할 수 있지 않을까 싶다. 사실, 인구 유입의 유혹은 멀리하는 게 좋다. 모든 지자체가 그러하니 서로 경쟁만 부추긴다. 지역에서 지금 살아가는 사람들이 행복할 수 있는 요소를 발굴하고 꽃피우는 것이 더 중요하다.

면 거점 단위의 공공주택(사회주택), 시니어 코하우징 보급 등 생태치유 모델 마을을 조성하는 지역이 등장하면 가서 살거나 단기로라도 머무르는 사람들이 있을 것이다. 이렇게 창의적인 정책을 집단 논의를 통해 만들어가는 인구 정책이 수립되길 바란다. 읍면 단위 민관협치 고도화, 주민협정제 활성화, 마을보호지구 지정, 농촌특화지구 설정, 태양광과 축사 등 혐오시설 해결 등도 인구 정책으로 언론의 주목을 받을 것으로 보인다.

중앙 교부금 예산 확보와 지방 공무원 숫자 유지, 지자체의 물질적 외형 성장, 산업예비군의 유지 등 의도를 의심받는 지방소멸 얘기는 그만했으면 한다. 요즘 농민 기본소득을 중심으로 기본소득 논의도 활발한데, 한발 나아가 기후위기와 쓰레기 몸살 대응 정책으로 '생태 기본소득'을 실시하면 어떨까. 자가용 대신 자전거 타는 사람, 가전제품 안 쓰거나 적게 쓰는 사람, 재활용과 재사용 물건만 쓰는 사람이나 그런 지자체를 격려하고 지원하는 정책을 시도했으면 한다.

인구 수에 매달리기보다는 삶의 질 중심의 성숙한 사회를 꿈꾸는 것이 좋겠다. 좀 더 근본적으로 보자면 경제성장의 미신에서 벗어나야 한다. 사람이건 경제건 성장만 할 수 없다. 성장만 한다면 병증이다. 성장이 일정 정도 되었으면 '성숙'으로 가야 한다. 고용과 취업률 중심의 대책에서 이제는 기본소득 지급과 소득 불균형 해소, 불로소득 상한제, 토지 공유화 같은 성숙한 사회를 위한 정책 패러다임으로 전환해야 할 때다. ▨

삶의 굴레를 마주하고,
지역에서 살아보기

장 성 해

생태문화기획자로 활동하며 때때로 텃밭 교사, 정원사, 축제 기획자,
정책 연구자 등으로 변신한다. 『어딘가에는 마법의 정원이 있다』를 썼다.

청년의 시골살이

어렸을 때 전남 여수에서 살다가 순천의 한적한 곳으로 이사를 왔다. 이곳에 대한 첫인상은 '시골'이었다. 여수에서는 고층 아파트에서 살았는데, 처음으로 아궁이가 있는 시골집에 살게 된 탓이었다. 겨울에는 아궁이에 불을 지펴야 잠을 잘 수 있었고, 봄여름이면 마당에 자란 풀을 뽑는 일이 여간 귀찮은 일이 아니었다. 광주에 있는 대학교에 입학해서는 기숙사에 들어갔는데 훨씬 편하고 좋았다. 그리고 14년이 지난 후 내가 다시 마당 넓은 시골집을 '선택'하여 살게 될 줄은 꿈에도 몰랐다.

기숙사에 살면서 나는 대학생활을 꽤 즐겼다. 워낙 호기심이 많은 성격이라 각종 대외활동은 물론 수업도 정말 열심히 들었다. 그 덕분에 다양한 유형의 선배들을 만났다. 학과도 학번도 다른 선배들은 공통으로 '취업난'을 이야기했다. 학자금 대출을 받은 선배의 앞날은 더 어려웠다. 학자금 대출에 쫓겨 거지로 살다가 죽기 살기로 노력해서 취직하면, 과로사할 것 같은 노예 같은 생활이 시작된다. 과로사하기 싫어 퇴사하면 다시 굶어 죽을 것만 같은 생활의 반복. 우리는 거지와 노예를 오가는 삶의 굴레, 뫼비우스의 띠로 이어진 가난한 청년들이었다. '과연 이게 맞는 건가?'라는 생각이 들었다.

방학 때 순천에 오면 뜨끈한 아랫목에 누워서 '어떻게 살아야 할까'를 고민했다. 이대로 졸업하고 취업에 뛰어드는 것은 내 성향에 맞을 것 같지 않았다. 뚜렷한 답을 찾기란 어려웠고, 방에 누워 있는 시간은 길어졌다. 그러다 문득 시간을 허비하느니 생산적인 활동을 해보는 것이 낫겠다 싶었다. 스스로 '돈'을 벌어보는 일. 아르바이트를 해보기로 결심하고 순천에 있는 대학교 홈페이지를 뒤졌다.

홈페이지에는 다양한 구인 공고가 올라와 있었지만, 그중에서도 눈길을 끄는 것은 '문화기획'이라는 낯선 일을 하는 회사의 공고였다. 워크숍 내용을 기록하고 정리하는 일이라 첫 아르바이트로 적당할 것 같아 신청했다. 일 자체는 간단했지만 내 세계를 넓히는 계기가 되었다. 워크숍의 주된 내용은 커뮤니티 비즈니스였다. 커뮤니티 비즈니스는 '호혜 경제'를 뜻하는데, 돈을 넘어 가치를 교환하는 경제를 의미한다. 순천에는 작은 공동체를 이루며 살아가는 마을들이 많은데, 마을사람들이 소중하게 생각하는 사람, 자연, 기술, 문화, 역사의 가치를 재조명하고 이에 공감하는 사람들을 마을과 엮는 일을 주로 했다. 최근 트렌드가 된 '가치 소비'의 원조격이라고 볼 수 있다.

나는 이렇게 많은 사람이 더 나은 사회, 더 나은 공동체를 위해 고민하고 있는지 몰랐다. 그동안 끊임없는 경쟁에서 살아남는 법에만 초점을 맞춘 채 살아왔던 삶의 굴레를 다시 보게 되었다. 다른 사람들은 어떻게 굴레를 벗어나 주체적으로 살아가

고 있는지 궁금해서 휴학을 하고 아르바이트를 했던 문화기획
사에 취직했다.

내게 맞는 곳을 찾거나, 이곳을 '힙'하게 만들거나

내가 일했던 문화기획사가 '순천시 생태관광 체험학습센터'를
위탁받게 되면서 '생태'라는 단어에 관심을 갖게 되었다. 관심
이 생기니 더 공부하고 싶어졌고, 순천에만 머물다가는 우물
안 개구리가 될 것 같아서 과감히 순천을 떠나기로 했다. 내가
바로 서기 위해, 이 땅과 나의 관계에 관해 탐구하러 한동안 여
러 곳을 돌아다니며 살았다.

청년들이 만드는 생태공동체가 있다는 소식에 충청남도 금
산을, 자연과의 연결망을 다시 짓는 농사법이자 삶의 철학인
'퍼머컬처'를 배우기 위해 서울을, 생태마을Eco village을 관찰하
기 위해 태국과 일본을, 숲을 복원하는 '아날로그 포레스트리'
를 배우기 위해 스리랑카를 다녀왔다. 짧게는 1개월, 길게는 1
년을 머무르며 '어떻게 살 것인가'라는 질문에 대한 해답이 '어
디서 살 것인가'와도 맞닿아 있다는 사실을 깨달았다.

인구가 고밀도로 집약되어 많은 문제가 발생하는 도시에서
아주 티끌 같은 땅이라도 점령하여 생태적인 삶의 씨앗을 퍼트
리는 것도 의미 있을 것 같았지만, 나의 일상을 영위하기에 벅

차다는 생각이 들어서 도시는 탈락. 머무르는 동안 적당히 일하고 잘 살 수 있지만 도시의 문제를 외면하게 될 것 같아 시골도 탈락. 일상의 생태라이프를 펼쳐나가기에 적합한 도시가 어디일까 생각하다가 결국 순천이 가진 지역성Locality을 떠올리며 순천으로 돌아왔다.

우리는 흔히 '로컬'이나 '지역성'을 두루뭉술하고 실체가 불분명한 개념으로 여긴다. 하지만 그 땅에 사는 사람들이 무엇을 축적했고, 무엇을 존중하느냐에 따라 지역성은 명확하게 드러난다. 순천은 1990년대부터 생태계의 보고인 순천만을 보전하고, 천연기념물 228호인 흑두루미를 지키기 위한 시민운동의 역사가 축적된 곳이다. 시민운동을 기반으로 지자체는 지역을 혁신할 힘을 얻는다. 시민과 행정이 힘을 합쳐서 새롭게 도시계획을 했고, 그 결과 도심과 순천만 사이 34만 평의 땅을 '정원'으로 조성하여 도시의 팽창을 막음과 동시에 브랜드 가치를 높였다.

순천이 가진 지역성을 '인간과 자연의 공존을 위한 끊임없는 노력'이라고 정의한다면, 도시와 시골을 모두 좋아하는 나의 삶의 방향과 잘 어울린다는 생각도 들었다. 게다가 도시와 시골 사이 적당한 규모의 순천은 사람들을 만나기에도, 멀어지기에도 적합했다.

나는 청년들이 꼭 지역에 정착해 살아야 한다고 생각하지 않는다. 삶의 방향성을 설정하는 것이 먼저고, 어디든 내가 정한 방향성에 적합한 환경을 찾아 뿌리를 내리는 것이 더 중요하다. 100% 적합한 환경은 있을 수 없다. 그럴 때는 내가 있는 곳을 내가 바라는 모습으로 '힙'하게 만들면 된다. 물론 쉽지 않은 일이다. 사람은 다양한 사회적, 물리적 환경에 영향을 받기 때문이다. 그러나 힘들다고 포기한 채 살 순 없지 않은가.

그래서 간단한 워크숍부터 열었다. 적정기술을 활용해 플라스틱을 최소로 쓴 공기청정기를 만들어보는 자리였다. 소규모로 진행된 행사에 참여한 사람들과 이야기를 나누면서 일상 속에서 생태적 삶의 방식을 실천하려는 사람이 나 혼자가 아니라는 사실을 깨달았다. 그다음에는 생태문화장터 '숲틈시장'을 열었다. '쓰레기 없는 축제가 가능할까'라는 질문과 함께 자신만의 철학과 가치를 담은 제품을 생산하는 생산자들과 가치에 공감하는 소비자들이 모일 수 있는 장터를 기획했다. 다양한 주제 강연을 열기도 하고 공연도 하는 장터를 꾸렸다. 불특정 다수가 모이는 장터에서 쓰레기를 최소화하려는 실험이 성공할지 두려움이 컸지만, 생각보다 많은 사람들이 일회용품 사용을 줄이는 데 동참했다. 회차가 거듭할수록 쓰레기 양이 현저하게 줄었다. 가장 큰 성과는 '쓰레기 없는 축제는 가능하다'는 것을 보여줌으로써 지역 곳곳에서 열리는 행사와 축제에서 쓰레기를 줄이려는 시도가 늘어났다는 것이다.

워크숍, 축제 등 크고 작은 프로젝트 경험이 쌓이자 '도시재생'
이라는 정부 사업과 인연이 닿게 되었다. 주민과 행정을 잇는
중간지원조직인 '순천시 저전동현장지원센터'의 사무국장으로
일하게 된 것이다. 사무국장은 정책 실행에 나름 영향력을 행
사할 수 있는 자리였다. 내가 꿈꾸는 지역을 큰 규모의 행정력
과 예산을 활용하여 직접 만들어볼 수 있겠다는 생각에 지원했
는데, 작은 프로젝트 경험들을 기록하고 알려온 덕분에 고졸임
에도 '경력자'로 합격했다.

사업 대상지인 저전동은 급격한 인구 감소, 일자리 감소, 빈
집 증가 등 소멸해가는 마을의 전형적인 모습을 띠는 동네였
다. 초·중·고등학교가 밀집되어 있던 중심지로서의 위상은 줄
어드는 학생 수만큼 급격하게 떨어졌다. 한때 3천 명이 넘었다
는 초등학생이 지금은 2백여 명밖에 되지 않는다.

소멸해가는 마을에 활력을 불어넣을 열쇠를 찾기 위해 먼저
저전동이라는 지역을 관찰했다. 저전동은 순천에서 가장 햇볕
이 잘 드는 동네 중 하나였다. 그래서인지 마당이 근사한 집들
이 눈에 띄었다. '남새밭'이라 부르기도 하는 작은 텃밭들이 마
당 안에 있었고, 상추 정도는 직접 기르는 문화가 남아 있었다.
'마당'이라는 물리적 공간과 '식물을 기르는 사람들'의 모습을

정원으로 잘 형상화하면 저전동만의 특색을 잘 살린 정원마을을 만들 수 있을 것 같았다.

우선은 사람들이 찾지 않아 방치된 공간들을 매입하고 정원으로 가꾸었다. 오랜 기간 비어 있는 집들이 많으면 동물의 사체가 썩어 벌레가 꼬이기도 하고, 도둑이 들기 쉬운 동네가 된다. 빈집들을 사들여 청년들이 거주할 수 있는 셰어하우스와 주민들이 공동의 수익을 창출할 수 있는 마을호텔로 만들었다.

아파트에서 벗어나 동네에서 살아보고 싶은 청년들이 홀로 마을에 이주하게 되면 사회관계망이 부족해 정착하는 데 어려움을 겪는다. 이러한 문제를 해결하기 위해 셰어하우스를 4채 마련하고, 15명의 이주 청년들끼리 커뮤니티를 만들 수 있게 도왔다. 함께 모여 밥을 먹거나 회의를 할 수 있는 커뮤니티 공간을 집집마다 배치했다. 지금은 순천 외곽에 땅을 빌려 농사를 짓고 생활은 도시 인프라가 있는 저전동에서 하고 싶은 청년이나 직장 때문에 순천으로 이주했지만 원룸에서 살고 싶지 않은 청년들이 이곳에 머물고 있다.

마을호텔 3채는 주민협동조합에서 운영한다. 모든 마을호텔에는 근사한 정원이 딸려 있다. 숙박객들이 '정원이 아름다운 집'을 꿈꿀 수 있도록 독채를 제공한다. 여기서 나오는 수익금은 필요한 묘목을 사거나 정원 관리에 참여한 주민들의 인건비로 사용하는 등 다시 마을정원을 가꾸는 데 쓴다. '마을정원사

양성교육' 등을 통해 원예 기술을 익힌 주민들이 근처 초등학교에서 방과후 교육을 진행하기도 한다. 주민들에게는 소득이 생기고, 학생들에게는 돌봄이 제공되는 선순환 구조를 만들기 위해 고민을 많이 했다.

청년들이 창업할 수 있는 공간들도 만들었다. 한때 붐이었던 '청년몰' 같은 형태는 지양하려고 했다. 칸을 쪼개서 많은 공간을 만들기보다, 건물 한 채를 단독으로 사용할 수 있도록 했다. 총 6채의 창업공간에는 다양한 가게가 입점해 있다. 행정기관이 리모델링 하는 공간은 디자인이 세련되지 못한 경우가 많은데, 리모델링 과정에 청년창업가가 직접 관여할 수 있게 해서 그 문제를 해결했다. 현실적인 예산 문제와 청년의 취향을 조율하는 과정이 어렵기는 했지만, 그래도 만족스러운 결과물들이 나왔다.

이 밖에도 빗물이 넘치는 도로 환경을 개선하기 위한 '빗물 가로정원', 마을의 일등 지킴이 '할매정원사', 주민들의 커뮤니티 공간이자 대관 사업을 진행하는 '저전나눔터', 공유주방과 작은도서관, 협동조합 사무실, 음악실, 미술실 등이 모여 있는 '비타민센터', 마을 어르신들의 겨울이불 빨래를 위해 만들어진 '공유 세탁방' 등 새로운 공간들이 생겨났다. '정원도구 대여소'나 유휴공간을 탈바꿈한 '생태놀이터 정원'도 만들었다. 모든 프로젝트들은 서로 상호작용하는 구조를 띤다(이 경험을 담아

저전동 마을호텔 │ 『어딘가에는 마법의 정원이 있다』라는 책을 썼다).

얼마 전부터 저전나눔터에서는 와인모임이 꾸준히 열린다. 지역 청년들이 좋아할 만큼 공간을 예쁘게 꾸며서인지 많을 때는 50여 명이 모이기도 한다. 저전동이라는 동네가 있는 줄도 몰랐던 청년들이 이제는 이곳 정원에서 와인을 마시며 네트워크를 확장할 수 있는 기회를 갖게 되었다.

도시재생사업이 마무리된 지 일 년이 넘은 지금도 나는 여전히 저전동에서 먹고 자고 일하며 살고 있다. 정원이 있는 저전동의 주택을 임대해서 다른 지역에 사는 친구들이 순천에 놀러왔을 때 머물 수 있는 공간을 제공하고, 지역축제를 기획하거나 학교에 수업을 나가기도 하면서 먹고산다. 때로는 호스트,

기획자, 선생님, 디자이너 등 N잡을 뛰며 사는 중이다. 물론 혼자서는 지속가능하지 않은 일이라, 구성원 모두가 청년인 주식회사를 설립해 같이 활동하고 있다.

지역에서 살고 싶은 청년들 모두가 단체를 꾸려 나처럼 살라는 말을 하고 싶은 것이 아니다. 하지만 내가 수도권에서 사는 것을 고집하고 다수의 사람들처럼 취직을 하려 애썼다면 동네를 변화시키는 일을 하진 못했을 것이다. 삶의 방향을 먼저 고민하고, 뿌리내리기에 적합한 장소를 찾고, 새로운 기회를 발견하는 것이 더 중요하다는 얘기를 하고 싶다. 충분히, 살고 싶은 대로 살아도 괜찮지 않을까. ▨

독일의 이민 정책에서 한국의 미래를 보다

손어진

2015년 독일 베를린으로 건너가 지금은 프랑스 파리에서 살고 있다. 유럽에 거주하는 한국 녹색당원들과 번역·기고·출판·연구공동체 움벨트(Umwelt)에서 활동하고 있다.

오랜만에 만난 니나의 손에는 플라스틱 '영주권' 카드가 들려 있었다. 독일에 영구히 거주할 수 있다는 허가증. 우리는 얼싸 안고 기뻐했다. 니나는 초등학교에 들어간 아들에게 '무기한의 엄마'가 됐다고 자랑을 했단다. 이제 더는 외국인청 대기실에 앉아, 부디 친절한 담당자를 만나길 기도하며 순서를 기다리지 않아도 된다.

세르비아인 니나는 크로아티아 출신 파트너와 함께 2017년 베를린으로 이주했다. 크로아티아는 유럽연합 회원국이기 때문에 파트너와의 사이에 태어난 아이는 거주허가증이 필요없지만, 세르비아 국적의 니나는 달랐다. 결혼으로 묶이지 않은 파트너십도 문제였다. 독일에 머물기 위한 비자 연장은 니나에게 늘 괴로운 숙제였다. 만료 기한이 있는 임시 거주권으로 지내온 6년 동안, 니나는 예술가로 살지 못했다. 영어가 필요한 곳에서 '그나마 존엄성을 해치지 않으면서 공정한 임금을 받을 수 있는' 청소 일이나 아이 돌보는 일 같은 파트타임 노동을 하며 살았다.

이주 초기 독일어 어학원에서 만났던 친구들도 니나처럼 고등교육을 받은 독일인들은 더 이상 하고 싶어 하지 않는 일들을 했다. 호텔의 객실 청소나 야간 근무, 가정집에서 숙식을 함께 하며 아이를 돌보는 일, 맥도날드에서 햄버거를 만들고 감자를 튀기는 일, 연극장에서 손님들의 옷을 보관했다가 꺼내주는 일, 식당에서 설거지를 하거나 재료 손질하는 일, 박물관에서 입장권이나 기념품을 파는 일 등등.

유럽연합이 확장되면서 회원국 시민들은 쉥겐 조약°에 따라 유럽 어느 국가에서든 거주하고 노동할 수 있는 권리를 보장받게 되었지만, 특정 기술직이 아니면 대부분 저숙련 노동을 담당할 뿐이다. 청소노동자 3분의1 이상이 독일 국적이 아니다. 건설 현장도 마찬가지고, 유럽 전역에 화물을 나르는 트럭 운전, 택배 및 배달 서비스, 도축·육가공업, 계절별 수확 노동, 노인 간호 분야는 동유럽 이민자 없이는 거의 작동하지 않는다. 심지어 성매매가 합법인 독일에서 성매매 노동자의 80%가 외국인이다. 이들은 대부분 루마니아, 불가리아, 헝가리 출신 여성들이다.

정규 교육과정의 학교에 다니지 않거나, 독일인과 '결혼' 관계에 묶여 있지 않거나, 정기적인 수입이 보장되지 않는 일을 하며 독일에 살고 있는 이주민들에게 독일은 참 고약스러운 나라다. 때마다 깐깐한 비자청 공무원과 실랑이 후에 비자를 갱신받고, 비유럽권 유학생들에게 학비를 받으려는 시도에 대응

● 유럽연합국 및 기타 유럽 지역 국가들이 사람과 물품, 노동의 자유로운 이동을 위해 체결한 협약. 비자 정책, 망명 정책, 경찰과 사법 당국의 협력에 관한 공동 협정 등을 담고 있다.

해야 하고, 코로나 이후 더 노골적인 아시아인 혐오에도 맞서
야 하는 이주민들의 삶은 팍팍하기 그지 없다.

독일 정부의 이주 정책이 불러온 사회적 혼란

독일은 1960년대부터 경제적 필요에 의해 이주 노동자를 대거
불러들였고, 동유럽 붕괴와 유럽연합의 탄생 같은 사회 변화에
따라 대규모의 인구 이동을 경험했다. 1986년부터 독일은 유럽
에서 가장 많은 난민을 받는 국가였고, 기본법 16조에서 망명
의 권리를 보장하고 있었기에 이들에게 숙소와 의료 지원 등을
보장했다. 하지만 이러한 정부 결정을 독일 국민 모두가 반기
는 것은 아니었다.

　경제적 이유에서건 인도주의적 이유에서건 외국인과 난민을
받아들였지만 1990년대 초, 독일 전역에서 발생한 난민과 외국
인에 대한 극우주의자들의 테러는 통일 독일의 심각한 사회문
제 중 하나였다. 그중 1992년 8월, 구 동독 지역인 로스톡-리히
터하겐에서 일어난 사건은 홀로코스트 이후 독일에서 발생한
외국인을 향한 가장 끔찍한 테러였다. 500여 명의 극우주의자
들이 "독일인을 위한 독일!", "외국인들은 나가라!"를 외치며
난민과 외국인들이 거주하는 건물에 돌과 화염병을 던졌다. 이
를 구경하는 3천여 명의 군중들은 갈채를 보내며 환호했다. 이

들은 평소에 난민과 외국인 거주 시설을 못마땅하게 여기던 평범한 지역주민들이었다.

결국 독일 정부는 난민과 외국인을 대상으로 한 극우 테러리즘을 경고하면서도, 불법적으로 독일에 들어온 난민과 외국인을 추방하는 조치를 강화했다. '외국인이 우리 일자리를 빼앗아 간다', '경제가 좋지 않은 상황에서 세금으로 난민을 지원하기 부담스럽다'는 여론에 이 같은 결정을 한 것이다. 이후 독일에 들어오는 난민 숫자는 급속히 줄어 2000년대 초반까지 매년 10만 명 이하로 낮은 수준을 유지했다.

그러다 2014년부터 독일로 들어오는 난민 숫자가 다시 급증했다. 중동, 아프리카, 발칸반도에서 전쟁이 끊이지 않으면서 이로 인해 유입된 난민 숫자만 약 30만 명에 달했다. 유럽의 대부분 국가가 난민을 받을 수 없다고 할 때, 독일이 나섰다. 2015년 8월, 앙겔라 메르켈 총리는 "난민을 수용하는 것은 독일의 국가적 의무"라면서 "독일은 강한 국가입니다. 우리는 해낼 수 있습니다"라고 선언했다. 이후 독일 정부는 2015년 48만 명, 2016년에는 약 75만 명의 난민을 받아들였다.

난민들이 도착하는 주요 중앙역에는 이들을 환영하는 독일 시민단체 회원들, 일반 시민들로 북적였다. 독일 특유의 '연대문화'가 발휘되는 것 같았지만, 반대의 움직임 또한 예사롭지 않았다. "독일인을 위한, 반이민자·반난민·반이슬람"을 내건

'독일을 위한 대안당(AfD)'은 난민을 수용한 메르켈 총리의 결정에 반대하는 사람들을 표로 결집시켰다. 2017년 총선에서 정당 득표율 12.6%로 처음 연방의회에 진출했고, 2018년 주의회 선거에서 10% 넘는 지지를 받은 AfD는 2019년 구 동독 지역 3개 주의회 선거에서 모두 20% 넘는 지지를 받아 독일의 제2 정당이 되었다.

열린 사회를 향한 연대의 목소리

많은 이민자들이 독일에서 살아가고 있다. 현재 독일 인구의 약 28.7%에 달하는 2,380만 명이 이민자 배경을 가지고 있다. 이민 1세대뿐 아니라 그들의 후손들이 어떤 이유로든 이곳에 정착해 살면서 본국에서 가족들을 데려오거나 새로운 가족을 이루어 살고 있다. 이들이 독일에 정착할 수 있는 배경에는 난민과 이민자에 반대하는 극우 목소리보다 더 크게, 난민의 권리나 유연한 이민정책을 주장해온 시민 사회와 정치권의 목소리가 있기 때문이다.

메르켈 전 총리의 정당인 기민당은 1980년대 말까지 외국인들의 독일 이주를 제한하는 입장이었다. "독일은 이민국가가 아니다"라는 혈통주의적 입장으로 자국민의 권리와 이주민의 권리를 나누고, 이주민들이 독일 사회에 안정적으로 정착할 수

독일 프랑크푸르트시 광장에서 시민들이 '을 위한 대안'(AfD)을 탄하는 시위를 벌이고 있다. ⓒ AP연합뉴스

있게 적극적인 통합 정책을 내놓지 않았다. 한편에서는 독일의 급격한 출산율 저하와 인력 부족에 맞서 적극적인 이민 정책을 펼치자는 의견이 있었다. 자유무역을 강조하는 친기업 성향의 자민당은 외국의 고급 인력을 받아들여 독일의 국가경쟁력을 강화시키고 경제성장을 이뤄야 한다고 주장했다.

인도주의적 차원에서 난민과 이주민을 환대해야 한다고 얘기해온 정당은 독일 녹색당이었다. "독일은 돌이킬 수 없는 '이민국가'이며, 헌법의 가치에 따라 오랫동안 이곳에 살아온 이주민들의 통합을 위해 노력해야 한다"는 입장을 분명히 했다. 특히 1998년 사민당과 녹색당이 적록연정을 맺어 집권한 시기에 기존의 외국인 입국과 체류에 관한 '외국인법'을 대체하는 이주법*을 개정하는 데 힘썼다. 2000년에 발효된 새로운 국적법에 따라 이민자가 독일 시민권을 획득하기 위해 거주해야 하는 기간이 15년에서 8년으로 줄었으며, 독일에서 태어난 이민자 자녀의 이중 국적이 허용되었다. 독일 국적 획득은 곧 이주민도 독일 국민과 동등한 권리를 가지고 정치, 사회 모든 분야에서 활동할 수 있음을 의미했다.

독일의 이민법 개정

독일 정부가 이민자들을 받아들이고 이들이 잘 정착해 사회와 통합되도록 돕는 정책을 펴는 이유에는 경제적 요인도 빠질 수 없다. 지난해 3월, 독일 정부**는 기술이민법을 통과시켜 해외의 숙련 노동자들이 이전보다 쉽게 독일에 정착해 일할 수 있도록 이민법을 개정했다. 연방 노동사회부는 작년 한 해에만 약 198만 개의 노동력 공백이 있었고 그중에서도 의료, 돌봄 전문직, 보육, IT 부문, 기타 생산 및 서비스 전문직에서 인력이 부족하다고 발표했다. 이는 독일의 경제성장을 저해하는 가장 큰 위협 요소라고도 언급했다.

한 경제전문가는 "독일은 연간 150만 명의 이민자가 필요하

● 이주의 조정 및 제한, 체류의 규제와 유럽연합국민과 외국인의 통합에 관한 법
●● 2021년 9월 총선 이후 사민당과 자민당, 녹색당이 연립 정부를 구성했다.

다"고 하면서, 독일 사회에 노동 이민자를 환영하는 문화가 절실하다고 말했다. 특히 새로 개정된 기술이민법이 올바르게 시행되기 위해서는 이민청 역할이 크다고 강조했다. "우리는 외국인 숙련 노동자들이 독일어를 구사하도록 요구해서는 안 된다. 우리 이민청 직원들이 영어를 구사하도록 해야 한다"는 그의 말에서 독일 정부의 노동 이민자 확보에 대한 강한 의지가 느껴졌다.

난민 지위를 인정받은 사람뿐만 아니라 난민 신청자도 독일 내 노동시간에 더 수월하게 접근할 수 있게 법을 개정했다. 2016년 독일 정부는 통합법을 제정해, 난민 신청자들의 취업허가를 확대했다. 그 전까지 난민 신청자는 외국인청에 취업허가 절차를 거쳐 약 1년간 노동시장 테스트를 받아야 했다. 이들이 취업할 수 있는 곳도 독일인 및 영주권자, 유럽연합 회원국 시민, 노동비자 등의 거주권이 있는 외국인들을 고용할 수 없는 분야이거나 임금 수준이 낮은 직종이었다. 그런데 개정된 통합법에 따라 난민 신청자라면 누구나 제한 없이 취업 활동을 할 수 있게 되었다.

또한 난민 신청자의 60% 이상이 16세에서 25세인 것을 고려해, 기존에 21세부터 받을 수 있었던 직업교육Ausbildung의 연령 제한을 없앴다. 이 교육은 이론 교육과 해당 직업 훈련을 동시에 진행하는 과정으로, 중등교육 이후 대학 진학 대신 이 과정을 밟는 독일인도 많다. 실제 회사에서 인턴처럼 일하면서 약간의 임금을 받는데, 이 기간 동안 난민 신청자들은 체류권이 보장되고 직업훈련을 마친 후에는 체류 연장의 기회를 제공받을 수 있다.

우리에게 온 것은 사람

이렇듯 독일 정부가 적극적으로 이민자와 난민을 노동시장으로 불러들이고 있지만, 그런 추세가 곧 다양한 배경을 가진 사람들이 독일에 정착해 사회구성원으로서 인정받으며 살 수 있다는 걸 뜻하진 않는다. 최근 독일은 전쟁으로 인한 우크라이나 난민 112만 명을 받아들였다. 다행스럽고 반가운 소식 같지만, 그로 인해 더 값싼 우크라이나 노동력을 구하는 구인광고가 늘어나고, 성매매 업계에 젊은 우크라이나 여성들의 유입이 급증하고 있다.

한국 또한 외국인 비율이 급증하고 있고, 인구 감소 해결을 위해 이민자 유입을 주장하는 사람들도 있는 것으로 안다. 하지만 사람을 노동력으로만 볼 수 있을까. 우리에게 온 것은 노동력이 아니라 사람이다. 그런 의미에서 최근 한국 정부와 서울시가 추진하려고 하는 '외국인 가사관리사' 정책은 한국에 온 외국인을 사람이 아니라 철저히 노동력, 도구로 대하는 태도라고 볼 수 있다. 이 법안을 국회에 제출한 국회의원도 있다. 국민의힘 조정훈 의원은 "월 100만 원도 본국에서는 큰 돈이다"라면서, 이를 통해 한국 여성의 육아와 가사 부담을 줄이고 출산율을 높이겠다는 얘기를 서슴지 않았다. 이는 돌봄노동의 가치를 격하시킬 뿐만 아니라 인종차별적 발상이기까지 하다.

이주민이든 선주민이든 사람을 존중하지 않는 사회, 육아와 가사노동의 가치를 월 100만 원쯤으로 여기는 나라에서 우리는 긍정적인 미래를 꿈꾸지 못한다. 여러 나라에서 살아본 내게 어디에 정착하고 싶냐고 묻는다면, 지금으로선 내 이민자 친구들이 살고 있는 독일 베를린이라고 답하겠다. 아이를 낳고 양육한다면? 그것도 역시 베를린이다. 내 아이가 학교에서 다양한 배경의 이민자 친구들과 어울리고, 환경과 평화 이슈에 연대하며 세계시민으로 자라기를 바란다. 동시에 한국이 나와 내 자녀가 정착하고 싶은 곳이 되길 바라는 것 또한 나의 진심이다. ▰

100세 시대, 관계의 재구성

장 희 숙 _ 《민들레》 편집장

오래 살게 됐다

유행하는 농담 중에 무시무시한 말이 있다. "유병장수하세요!"
100세 인생을 논하는 시대에 '아프면서 오래 살라'는 말은 차라
리 악담에 가깝다. 2009년 국제연합의 「세계 인구 고령화 보고
서」에 처음 등장한 '호모 헌드레드Homo Hundred'란 말은 여러 나
라의 평균수명이 80세를 넘는 현상을 가리킨다. 15년이 지난
지금, 헌드레드 인생은 더 가까운 현실이 되었다. 1970년 한국
인의 평균수명은 62.3세였으나, 2010년 80세를 넘어선 후 매해
조금씩 길어지고 있다.• 예전에 100세 노인은 전설의 인물처럼
여겨졌는데 이제는 현실에서도 종종 만날 수 있다. 보험약정서
에는 최대 보장 나이가 120세까지 등장한다.

　평균수명이 길어지며 나이에 대한 인식도 변하고 있다. 청년
을 규정하는 연령이 점점 높아지더니, 최근에는 조례상 청년
나이를 49세까지로 지정한 지자체도 생겨났다. 이런 판국이니
60대는 노인 축에도 끼지 못하고, 70대 중에도 왕성히 사회활
동을 하는 이들이 많다(미국 대통령도 82세 아닌가! 자주 치매설에 휩
싸이긴 하지만). 경로당에서도 70대는 새파란 막내다. 80~90대
꼰대들 심부름하기가 싫어서 경로당 출입을 꺼린다는 70대도

● 2022년 통계청 기준으로 여성의 평균수명은 85.6세, 남성은 79.9세다. 2024년 1월
보험개발원이 발표한 통계에 따르면 여성 90.7세, 남성 86.3세로 통계청 공식 발표보다 훨씬 높다.

있다. 한국의 법정 노인연령 65세를 국제 통용 기준인 73세로
상향 조정하자는 의견이 나오는 배경이다.

이런 변화 속에서 40~50대에게도 새로운 고민이 생겼다. 늦
은 결혼으로 아이도 늦게 둔 경우가 많은데, 자라는 아이와 늙
어가는 부모를 이중으로 돌봐야 하는 현실에 어깨가 무겁다.
40대를 넘어서면서 날로 노화가 진행되는 자신까지 챙겨야 하
니 어쩌면 삼중 돌봄이다. 늦게 독립하는 자식들 탓에 육아는
끝날 줄을 모르고, 부모님 수발에 세월을 보내다 보면 어느덧
자신도 노인의 대열에 들어서 있다.

거동이 불편한 부모를 부축해 병원을 드나들다, 더 이상 감
당하기 힘든 상황이 오면 요양원으로 모시는 것이 거의 당연한
수순이 되었다. 요양원 침대에 누워 남의 손의 의지하며 긴 시
간을 보내는 노인들을 보면 미래가 두려워진다. 집에서 태어나
집에서 생을 마감하던 시절은 차라리 낭만이었을까. 출산율 감
소로 문 닫은 유아시설이 속속 요양원으로 탈바꿈하는 추세를
보면, 내 생애 마지막 자리도 그 어디쯤 있지 않을까 싶다.

요양원 말고 마을

의료기술이 아무리 발달해도 암이나 치매는 무서운 병이다. 암
도 두렵지만 생의 기억을 잃는 것, 전혀 다른 사람이 되어가는

자신을 인지조차 못하는 것은 육신의 고통과 다르게 두려운 일이다. 나이 들어 치매 걸리면 어떡하나, 지레 걱정하는 이가 많다. 네덜란드의 호그벡^{Hogeweyk}은 앞서 이런 걱정을 하던 사람들이 만든 마을이다.

호그벡은 2009년에 설립한 세계 최초의 치매마을로, 축구장 3개 크기의 부지에 공동주택과 병원, 극장, 카페, 슈퍼마켓, 미용실 같은 편의시설이 들어서 있다. 400여 명의 주민들 중 190명 정도가 치매환자이고 나머지는 그들을 돌보는 의료진과 직원들이다. 살아온 일생과 성격이 비슷한 치매환자 6~7명이 한 건물에 공동가구를 꾸려 살아간다.

이곳에 입주한 환자들의 일상은 온전했던 예전과 비슷하다. 산책하고, 쇼핑하고, 운동하고, 펍에서 맥주도 한잔 한다. 그러다가 마을에서 길을 잃거나 다툼이 일어나는 등 문제상황이 생기면 마을을 돌아다니던 의료진이나 직원이 나타나 적절한 도움을 준다. 물론 치매 증상 완화를 위한 치료도 병행한다. 하지만 '음악치료'라는 말 대신 '음악을 즐긴다'고 하고, '병동'이 아니라 '집'이라고 표현한다.

이 마을의 창립자 아메롱겐은 예전에 전통적인 요양원에서 일하던 사람이다. 그녀와 요양원 동료들은 "우리 부모님은 이

● '전 세계 치매 마을의 롤 모델, 네덜란드의 호그벡', 《디멘시아 뉴스》, 2024. 1. 15.

런 곳에 모시고 싶지 않다"는 얘기를 자주 나눴고, 이런 문제의 식이 호그벡의 탄생으로 이어졌다고 한다. 치매환자는 거동이 불편하지 않다는 점에서, 다른 지병으로 요양원에 입소한 노인들과 다르다. 많은 이들이 그 사실을 놓치고, 정신은 흐리지만 몸이 건강한 치매환자들을 요양원 침대에 오랜 시간 눕혀놓고 있는 건 아닐까. 치매의 발병 원인 1위가 '신체활동 저하'라는 연구결과를 보면, 거동은 불편해도 정신이 맑던 노인이 누워서만 지내다 금세 치매에 걸리는 이유를 알 수 있다.

그런 점에서 건강이 허락하는 한 자유롭게 돌아다닐 수 있는 호그벡은 치매환자뿐 아니라 다른 노인들에게도 필요한 공간이다. 여유롭게 산책하며 햇빛을 쬐는 호그벡 주민들을 보며 호화로운 실버타운을 떠올릴 수도 있지만, 이곳은 국가 지원으로 운영된다. 소득에 따라 차이가 있지만, 본인 부담금 또한 정부에서 매달 지급하는 노령연금으로 감당할 수 있는 정도라고 한다.

너무 꿈같은 이야기일까. 한국에서도 호그벡을 벤치마킹해 치매마을을 만들려는 시도가 있었다. 2022년, 서울 용산구는 경기도 양주에 땅을 확보해 용산구민을 위한 '치매 전담형 노인요양시설'을 추진했다. 하지만 양주시 주민들의 반발과 양주시의 건축 불허에 부딪혀 계획이 무산됐다. 지자체가 입지 환경이 좋은 곳에 치매마을을 건립하려는 최초의 시도였지만, 이

를 기피시설로 인식한 사람들과의 견해 차를 좁히지 못했다.
마을을 새로 조성하는 것이 무리였다면 문을 닫은 지역대학 캠
퍼스를 활용하는 방안은 어떨까. 잔디밭부터 기숙사까지 기반
시설이 잘 갖추어져 있으니, 새로 짓는 것보다 수월할 수 있다.

그러자면 치매마을이 기피시설이라는 인식부터 바꾸어야 할
것이다. 초고령 사회로 접어든 한국 사회에서 치매는 드문 질
환이 아니다. 현재 환자 수는 100만 명 정도로 추산되며 앞으로
더욱 늘어날 것이다. 선진적인 요양시설을 지자체가 나서서 만
든다면 오히려 반길 일이 아닌가. 생의 기억이 뒤죽박죽 섞이
는 건 슬픈 일이지만 가족들에게 부담주지 않고, 답답한 병실
에 갇히지 않고, 안전한 마을에서 자유롭게 생활하며 따뜻한

돌봄을 받을 수 있다면 불행 중 다행일 것이다.

　서울 용산구는 계획을 접었지만, 올해 6월 경남 거창에 공립 치매전담형 노인요양마을이 문을 열 예정이다. 폐교된 중학교 부지를 활용하는 방안으로 주목받았는데, 주민 95.7%의 찬성으로 시작해 주민참여형 공공사업 추진의 모범 사례로 꼽히고 있다. 좋은 모델로 자리 잡아 곳곳에 안심할 수 있는 치매돌봄 마을이 생겨났으면 좋겠다.

　독일에서 요양원 대신 인기를 끌고 있는 '거주형 돌봄농장'도 눈여겨볼 만한 사례다. 돌봄농장은 요양원보다 훨씬 자유롭고 긴밀하게 대인관계를 유지할 수 있으며, 자연과 동식물을 가까이할 수 있다는 점이 큰 장점이다. '계란 모으기', '아기 염소 젖주기', '농장 시설 수리하기', '텃밭과 정원 가꾸기' 같은 일을 각자 할 수 있는 만큼 하면 된다. 카페나 식당, 거실 등 공동공간에서 함께 어울리기도 한다.

　노인들에게 생산적인 활동은 자존감을 높여주고 건강에도 도움이 된다. 독일 현지에서는 돌봄농장에 입주하려는 대기자가 줄을 잇고, 이런 농장을 시작하려고 문의하는 농장도 늘고 있다고 한다. 농가 입장에서도 '돌봄'이라는 새로운 서비스를 통해 소득을 창출할 수 있고, 국가 입장에서는 노인들이 요양원에 가는 것보다 돌봄농장에 가는 게 복지 비용이 적게 든다. 이용자(노인), 공급자(농업인), 국가 세 주체가 모두 만족할 수 있는 일석삼조의 돌봄 시스템이다.

네덜란드에는 노인과 장애인들이 어울려 농장을 가꾸는 도시형 농장이 곳곳에 있다. 이처럼 사회적 돌봄을 농장에서 실현하는 복지 시스템을 케어팜Care Farm이라고 부른다. 한국에서도 네덜란드의 케어팜(치유농장)을 본따 만든 '사회적 농장'이 올해부터 '돌봄농장'으로 명칭을 변경해 새로운 시도를 하고 있다. 어르신과 사회적 약자를 돌보는 일을 하고 있지만, 아직은 입주형보다 방문객으로 체험하는 정도에 그치는 경우가 많다. 거주형 돌봄농장은 유동인구를 늘여 인근 마을도 살리는 길이 될 수 있지 않을까. 일반적인 요양원 말고 다른 선택지를 찾는 노인과 가족에게도 반가운 소식일 것이다.

외로움을 해결해드리겠습니다

인구는 줄어드는데 1인 가구는 꾸준히 늘고 있다. 2022년 기준 약 750만 가구로, 전체의 34%에 달한다. 그중 3분의1 정도가 노인 가구다. 편치 않은 몸으로 혼자 생활을 꾸리기도 어렵지만, 외로움은 더욱 해결하기 힘든 문제다. 말벗을 그리워하며 외롭게 살다 홀로 생을 마감하는 노인들이 늘고 있다. 보건복지부가 2023년 발표한 고독사 실태 조사를 보면, 지난해 3,300여 명이 홀로 세상을 떠난 후 뒤늦게 발견됐다.

노인들의 외로움을 줄이고 고독사를 예방하고자 정부에서 한집에 여러 노인들이 함께 사는 셰어하우스 모델을 내놓았다. 2014년 농림축산식품부가 '농촌 고령자 공동시설 지원 시범사업'을 실시했는데 반응이 좋아 여러 지자체들도 이를 도입하고 있다. 새로 집을 지어 입주자를 모집하는 경우도 있지만, 오히려 이 모델은 농촌보다 주거비가 부담되는 도시의 노인들에게 적절할 듯하다. 도심의 낡은 건물을 매입해서 공동생활시설을 만들면 주거비 부담도 덜고, 외롭지 않은 노년을 보낼 수 있을 것이다.

함께 사는 것을 부담스러워 하는 노인들을 위한 절충안으로 부분적인 공동생활을 하는 곳도 있다. 경남 고령의 한 동네에서는 마을회관을 살림집으로 개조해 할머니들 여럿이 함께 산다. 평소에는 자기 집에서 살다가 아프거나 불편한 게 있을 때, 맛있는 음식을 같이 만들어 먹고 싶을 때, 공동가정을 오가며 지내는 형식이다.

각자의 생활을 유지하면서 필요에 따라 함께 어울리는 민간 모델로는 미국의 '빌리지Village'도 눈여겨볼 만하다. 지역 노인을 중심으로 사회적 교류를 활성화하기 위해 생겨난 비영리 단체로, 미국 전역에 115개의 지부가 있다. 빌리지에 회원 가입을 한 후 친교모임이나 교육문화활동 등을 함께하면서 이웃과 어울린다. 거동이 불편한 이웃을 위해 병원과 장보기에 동행하거나, 집수리를 도와주는 등의 활동이 특히 반응이 좋다. 빌리지 회원들은 이웃이 생겨서 든든하고, 무엇보다 시설에 입소하지 않고 지역사회에서 계속 살 수 있다는 자신감이 커졌다고 만족해 한다.

노인인구가 늘면서 세계 여러 나라들이 국민들의 '외로움 해소'를 정책적으로 지원하고 있다. 2018년 영국의 보수당 정부는 세계 최초로 '외로움부Ministry of Loneliness'를 설치하고 장관을 임명했다. 고독과 고립 문제를 정부와 지역사회가 함께 책임지고 해결해가겠다는 의지의 표현이다.

'연결된 사회A connected society'라는 이 정책의 핵심은 단계별로 네트워크를 만들어 관계성이 끊어지지 않게 하는 것이다. 그중 성공을 거둔 '더 실버라인'은 독일이 벤치마킹해 '실버네츠'란 이름으로 재탄생하기도 했다. 영국 멘체스터에서 시작한 실버라인은 전국의 고독한 노인들에게 전화 서비스를 제공하는 프로젝트다. 노인이 누군가와 대화하고 싶을 때면 언제든 이용할 수 있다. 전화를 받는 이들은 공감 대화법과 격려 방법을 훈련받은 상담사들이다. 2018년 시범 운영을 했는데 반응이 좋아서 2019년부터 본격 시행 중이다.

● 백지혜·류병주, '노년기 사회적 고립과 외로움: 미국의 대응책과 시사점', 한국보건사회연구원, 2024.
●● '세계 도시 동향—외로운 노인에 24시간 전화 서비스(독일 베를린시)', 서울연구원, 2019.

100세 시대에 증손, 고손까지 보는 노인들도 많아졌다. 100여
년의 시간 차를 두고 4대가 동시대를 살게 되었지만, 세대 간의
시공간과 정서는 더욱 분리되고 있다. 사회활동이 없는 노인들
은 더욱 그들만의 세계에 고립되기 쉽다.

　이런 상황에 일본의 한 요양원에서 시도한 독특한 직원 채용
이 눈에 띈다. 하루종일 무표정하게 지내는 노인들을 지켜보던
관계자는 손주가 요양원을 찾아올 때 노인들의 얼굴이 얼마나
밝아지는지를 생각해내고 '아기 사원'을 모집한다는 공고를 냈
다. 사원의 자격은 만 3세 이하이며, 이들의 주업무는 일주일에
서너 번 출근해 보호자와 함께 요양원 정원이나 카페 등을 돌
아다니는 것이다.●

　120명의 노인이 머무는 요양원에 아기 사원은 32명. 아장아
장 걷다가 사람들을 향해 손을 흔들거나, 두 팔을 벌리고 다가
와 안기면 노인들 얼굴에 웃음꽃이 활짝 핀다. 아기 사원들의
급여는 분유나 기저귀이며, 좀 더 '연륜'이 있는 사원은 아이스
크림이나 과자를 받기도 한다. 아기과 함께 요양원을 찾은 한
엄마는 말한다. "(집에만 있긴 답답하니) 어차피 어딘가로 나와야

● '일본 노인요양원에 출근하는 아기들, 업무는 포옹, 급여는 기저귀', 《연합뉴스》, 2022. 9. 2.

하는데, 여기서 어르신들한테 사랑도 받고 좋죠. 그냥 하던 대로 하면 마냥 좋아하시니까 보람도 느끼고요." 적적하던 노인들에게만 좋은 일이 아니다. 존재 자체로 예쁨 받는 아기에게도, 육아의 부담을 덜 수 있는 엄마에게도 좋은 일이다.

노인과 어린이가 어울려 시너지를 주고받는 사례는 한국에도 있다. 대전의 뿌리와새싹어린이집은 노인정과 서로 마주보고 있다. 노인들은 아이들과 산책을 하고, 텃밭에서 식물 이름도 알려주고, 윷놀이도 함께 한다. 아이들과 교류하면서 노인정에는 화투, 술, 담배가 사라졌다. 어린이들은 하원 후에도 동네에서 할아버지, 할머니를 만나면 달려가 안기는 것이 자연스럽다. 생산인구에 속하지 않는 노인들을 자타 '쓸모없는 존재'로 여기기 쉬운데, 노인들이 아이들을 만나며 얻은 것은 누군가에게 쓸모 있는 사람이 되었다는 자부심이 아닐까.

단절된 세대를 연결하는 사례로, '세대 교류형 셰어하우스'도 있다. 프랑스의 '세대 간 동거 계약Cohabitation intergénérationnelle solidairé' 제도는 혼자 살거나 빈방이 있는 60세 이상의 노인이 30세 미만의 청년에게 무료 혹은 싼 월세로 방을 빌려주는 것이다. 그 대가로 청년은 노인의 집안일을 돕거나 함께 장보기 등을 계약 사항으로 한다. 1997년 스페인에서 먼저 도입한 이 제도는 2003년 갑작스런 폭염으로 많은 노인들이 사망하자 혼자 사는 노인들의 건강과 안전을 위해 프랑스에서도 시행하게 되었다.

한국에서도 '한지붕 세대 공감'이라는 사업을 서울시가 시행하고 있다.[*] 노인과 대학생의 주거를 연결하는데, 이 프로그램을 신청한 노인에게는 주거 환경 개선을 위한 공사비도 지원된다. 노인은 외로움을 덜 수 있고, 대학생은 시세의 절반 가격에 주거 문제를 해결할 수 있어 서로 만족도가 높다. 정서적 교류 등 긍정적인 면이 부각되면서 수요가 꾸준히 늘고 있다. 일본의 에이지 믹스$^{age\ mix}$ 주택, 미국의 노인-청년 주택 공용 제도, 스웨덴의 연령통합형 그룹홈 등도 서로의 필요에 의해, 서로 도움이 되는 방식으로 세대를 연결하는 사례다.

관계가 서로를 살린다

더 오래 주어진 인생은 선물일까 짐일까. 어떻게 보내느냐에 따라 대답이 달라질 수 있을 것이다. 당면 과제를 해결하기 급급했던 삶에 여백을 두고 길게 생각해볼 필요가 있겠다. 변화하는 사회에 맞춰 새로운 삶을 디자인해야 할 때다. 방식은 여러 가지이겠지만, 핵심은 간단하다. 관계가 서로를 살린다는 것. 오늘 하루도 서로에게 기대어 연결된 존재로 살아가는 우

● 스물다섯 일흔아홉 한지붕 아래 삽니다… 서울시 '한지붕 세대 공감' 화제, 《매일경제》, 2024. 5. 19.

리는, 알게 모르게 남을 돌보고 서로의 돌봄을 받는다.

"요람에서 무덤까지, 나를 지켜주는 ○○ 보험." 지나가는 버스에 대문짝하게 붙은 광고를 보며, 정녕 우리의 미래를 지켜줄 것이 연금과 보험은 아니라 믿고 싶다. 복잡한 듯한 인생이지만 쭉정이를 걷어내고 추스리면 여문 알곡 같은 질문 하나가 남는다. 누구와 어떻게 살 것인가. ◤

인구 미래 공존

조영태 씀 | 북스톤 | 17,000원 | 2021

출생아 40만 명대에서 20만 명대로 급감하는 동안, 한국 사회는 여전히 해법을 찾지 못한 채 우왕좌왕 하고 있다. 교육, 일자리, 연금, 주거 문제까지 복잡하게 얽힌 문제의 실마리를 어디에서 풀어내야 할지 몰라, 대증요법으로 대응하며 시간을 흘려보내고 있다. 2016년 『정해진 미래』 출간으로 한국 사회에 '인구'라는 화두를 던졌던 인구학자 조영태 교수가 펴낸 이 책은 한국의 인구 문제가 해소되지 못하는 근본적 이유를 짚고 해결 방안을 제시한다. 아울러 국가소멸론에 사로잡혀 미래를 걱정하는 이들에게, 걱정하기보다 인구학의 눈으로 미래를 기획하고 설계하는 데 에너지를 쓰길 권한다.

이주, 국가를 선택하는 사람들

헤인 데 하스 씀 | 김희주 옮김 | 세종 | 25,000원 | 2024

급격한 인구 감소를 해결하는 방안으로 전향적인 이주민 수용이 힘을 얻고 있다. 이민청 개설 또한 수순을 밟고 있다. 반면, 이주에 따른 사회적 문제를 우려하는 목소리도 잦아들지 않는다. 세계적인 사회학자이자 지리학자인 저자는 이 책에서 '이주에 대한 두려움과 오해 22가지'를 수많은 데이터와 연구 사례로 반박한다. 선진국의 경우 인구 감소와 외국인 이주민 증가는 이미 거스를 수 없는 세계적 흐름이므로 변화에 대한 대비가 필요하다. 이주는 단순한 인구 증가가 아니라 농촌의 도시화, 환경 문제 등 개발 과정을 동반한다는 것 또한 이해해야 한다. 저자는 이주가 경제와 인구 감소 문제의 만능키라는 주장도 경계하며, 이주의 중요한 문턱에 서 있는 한국에도 현명한 대비를 당부한다.

인구의 진화

다나카 데루미 씀 | 조희정 옮김 | 더가능연구소 | 15,000원 | 2021

많은 지자체가 지역의 인구 감소를 막기 위해 애를 썼지만, 대부분 일회적인 관광이나 이주·정주 정책 중심이었다. 관광은 일회적이기 때문에 지역의 힘으로 축적되기 어렵고, 이주나 정주는 진입 장벽이 높다. 농촌 공동화 현상을 먼저 경험한 일본에 눈여겨볼 만한 사례가 있다. 실제로 지역에 살지는 않지만, 자주 방문하거나 지역 특산품을 애용하거나 지역 소식에 관심을 기울이는 식으로 함께하는 사람들, 곧 '관계인구'를 늘리는 것이 농촌 공동화를 극복하는 현실적인 방법이라고 저자는 말한다. 책에 소개된 구체적인 사례는 지역과 관계를 맺고 싶지만 방법을 모르는 도시 사람들, 많은 이들과 연결되고 싶은 농촌 사람들에게도 도움이 될 것이다.

어쩌면, 사회주택

최경호 씀 | 자음과모음 | 25,000원 | 2024

한국인들에게 '내 집 마련'은 평생의 숙제다. 성실한 임금노동자로 평생 일해도 아파트 한 채 마련하기가 쉽지 않다. 아파트 단지를 중심으로 형성되는 학군과 한 지역 안에서의 과밀–과대 학교가 공존하는 현실에서, 높은 집값은 교육과 긴밀한 관련이 있으며, 저출산의 요인이 되기도 한다.
정책 개발 자문관인 저자는 우리 사회의 주거 문제에 대한 대안으로 '사회주택'을 제시한다. 낯선 용어인 듯하지만 공공 임대주택, 셰어하우스 같은 이름으로 이미 우리가 경험하고 있는 주거 양식이다. 기후 친화적인 건물, 노령인구와 장애인, 사회적 약자와 함께 살아가는 공간을 통해 개인과 공동체의 삶의 질을 높일 수 있다고 주장하며 그 구체적 방안을 소개한다.

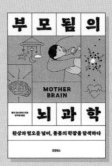

부모됨의 뇌과학
첼시 코나보이 씀 | 정지현 옮김 | 코쿤북스 | 25,000원

부모됨의 의미를 최신 뇌과학의 눈으로 탐구하는 책. 저자의 주장에
따르면 아이를 돌보는 행위를 통해, 부모의 뇌에는 돌봄 회로가
새롭게 만들어진다. 아이를 낳고 부모가 되는 일을 발달의 한
과정으로 보며, 이를 위해선 부모에게도 성장을 위한 지원이
필요하다고 말한다. 부모됨을 고민하는 이들이 뇌과학의 관점에서
이타적인 존재로 성숙해갈 수 있게 독려한다.

한 걸음 뒤의 세상
우치다 타츠루 외 씀 | 박우현 옮김 | 이숲 | 18,000원

일본의 지성들이 쇠락하는 일본 사회를 성찰하며 함께 쓴 글 모음집.
'진보와 발전'을 외치는 사회에서 "후퇴야말로 지금의 긴급한 의제"
라고 주장한다. '후퇴에서 찾은 생존법'이란 부제를 단 이 책은
기존의 패러다임을 전환하고 현실에 연착륙하기 위한 처방전을
제시하며, 후퇴의 완성을 커먼즈와 로컬에서 발견한다. 이들의
진단과 제안은 유사한 위기에 처한 한국 사회에 시사점을 제공한다.

2030 기후적응 시대가 온다
김기범 씀 | 추수밭 | 17,000원

지구 온도 1.5도 상승이 예상보다 빨라지고 있다. 이 책은 빨라진
기후변화의 속도를 각종 데이터로 실감나게 담아내며 대응의
시급함을 역설한다. 최근 세계 곳곳에서 기후변화에 대응하는 현실적
전략으로 논의되고 있는 '적응 대책'을 자세히 소개한다. 기후위기를
취재하던 기자에서 환경연구자의 길로 들어선 저자는 앞으로의
6~10년이 기후대응의 골든타임이라며 강력한 대책을 촉구한다.

자살하는 대한민국

김현성 씀 | 사이드웨이 | 19,000원

금융권에서 일했던 저자는 재생산성이 무너진 오늘의 현실을 풀기
위해선 '돈의 문제'를 제대로 바라봐야 한다고 주장하면서 한국
사회의 진짜 문제는 인구 감소가 아니라고 말한다. 우리가 왜
공동체를 위해 쓸 돈이 없는지, 총체적인 경제구조와 악순환의
고리를 세밀히 분석한다. 한국 사회의 근본적인 문제점을 다각도로
조망하는 저출산 종합 보고서라 할 수 있다.

다시 일어서는 교실

송은주 씀 | 김영사 | 16,800원

교권이 흔들리는 원인은 악성 민원을 넣는 학부모일까? 교사이자
칼럼니스트인 저자는 학부모와 교사가 대치 상태인 것처럼 여겨지는
현실에 의문을 던지며, 우리가 놓치고 있는 것을 짚는다. 파편화된
시선을 넘어 학생과 학부모, 교대생과 전현직 교사, 교장과 장학사,
교육부 관계자까지 110인의 목소리를 고루 담았다. 다양한 시선으로
사람들을 연결하고 이해를 통한 회복을 도모한다.

세계의 교사

안드리아 자피라쿠 씀 | 장한라 옮김 | 서해문집 | 19,800원

가르치는 일에 용기가 필요한 시대다. 교사들의 노벨상이라 불리는
'세계의 교사상(Global Tacher Prize)'을 수상한 저자가 세계 곳곳에
있는 선생님들과의 만남을 책으로 엮었다. 저마다 맞닥뜨린 어려운
과제를 풀어나가는 과정이 독특한 교육 실천으로 드러난다.
아이들에게 필요한 교육이 무엇인지를 탐구해온 교사들의 이야기는
어른들에게 가르침을 실천할 수 있는 용기를 준다.

전국 독자모임

강원 강릉
매월 1회 | 강릉청소년마을학교 날다
kezmann@hanmail.net

강원 동해
매주 수, 오전 10시 반 | 서호책방
seohobooks@naver.com

강원 인제
매주 금, 오전 10시 반
책방나무야

강원 춘천
매월 1회 | 가정중학교
카카오ID Rainbow-96

경기 고양 (새로 생긴 모임)
매주 화, 오전 10시 | 온라인
카카오톡ID bodulbaram

경기 남양주
매월 첫째 토, 오전 9시
위스테이별내
카카오ID songsong_gamza

경기 수원
매월 둘째 화, 오전 10시 | 온라인

경기 안산
매월 둘째 넷째 목, 오전 10시 반
마을숲작은도서관

경기 양평
매주 화, 오전 10시 | 온라인
mykokkirine@gmail.com

경기 여주
여주 민들레학교

경기 의정부
매월 마지막 월 | 꿈틀자유학교
카카오ID ggumtle-free

경기 이천
매월 셋째 목, 오후 7시
우리의놀이터

경기 평택
매주 수, 오전 10시 | 강당골사랑방
leyna99@naver.com

경남 거제 (우리이야기)
매월 둘째 목, 오전 10시 반
카카오ID sunkey83

경남 남해 (상주면)
매주 금, 오전 10시 반 | 상주랑
kongju02@naver.com

경남 산청
매월 셋째 일, 오후 3시
청소년 자치공간 명왕성

경남 합천
매월 마지막 금, 오후 2시 | 토기장이의 집
카카오ID pmiyoung36

경북 경주 ①

월 1회, 오후 7시 반 | 새각단농원
as-1127@hanmail.net

경북 경주 ②

월 1회 | 모두누림 경주교육
사회적협동조합 | 불국사 아랫마을
littlemgzine@naver.com

경북 상주

매월 넷째 월, 오전 10시 반
윤찻집 | 상주 참교육학부모회
카카오ID anasts11

경북 영주

매월 셋째 목, 오후 6시 반
카카오ID mitzvah

경북 포항

격주 화, 오전 10시
카카오ID yulim1303

대구 달성군

매월 첫째 금, 오후 7시
놀삶 마을메이커 스페이스
imagekjs@gmail.com

대구 수성구

매월 둘째 수, 오전 10시 반
마마플레이트

대전 (탄방동)

매월 둘째 화 오후 6시,
둘째 금 오전 11시 | 풀잎대안학교

대전 유성구 (신성동)

매월 둘째 금, 오후 8시
bboniya@naver.com

부산 사하구

매월 셋째 토, 오전 10시
행복한동행 작은도서관

부산 중구

매월 첫째 목, 오후 8시 반
글마루작은도서관

서울 강서구

매월 첫째 토, 오후 3시
개화동 | 카카오ID pulssi

서울 광진구

매월 첫째 셋째 금, 오후 9시
온라인 | aunju74@gmail.com

서울 노원구

3~11월 마지막 목, 오전 10시 반
공릉청소년문화정보센터
카카오ID dahy0610

서울 성북구 ①

매월 셋째 토 | 성북마더센터 맘콩카페
moon.eunjeong@gmail.com

서울 성북구 ②

매월 셋째 금, 오후 7시
석관동미리내도서관

서울 중랑구

매월 둘째 수, 오후 7시 반
중랑 마을넷 사무실
카카오ID watchmanii

울산

월 2회 | 온라인(비정기 대면
모임 병행) | 참교육학부모회
카카오ID esperanto81

울산 동구

매주 목, 오전 10시
더불어숲작은도서관
카카오ID earthing2050

울산 북구

매월 둘째, 넷째 월, 오전 10시 반
한살림 매곡매장
1126suk@gmail.com

울산 울주

매주 월, 오전 10시
삼동초등학교 학부모실
frog4033@hanmail.net

인천 서구

월 1회 | 검단 신도시 근처
카카오ID blackleelove

인천 남동구 (장수동)

매월 첫째 수, 오후 7시 반
열음학교 | 카카오ID shinejka

전남 순천

매월 셋째 금, 오후 7시 | 학교너머
카카오ID samter97

전남 화순

매월 셋째 화, 오전 10시
이서커뮤니티센터

전북 정읍

매주 금, 오전 10시
참교육학부모회 정읍지회
카카오ID samter97

제주 애월

매월 둘째 금, 오전 10시 | 보배책방
카카오ID starwind98

제주 북부

월 1회 오전 10시 | 삼화지구 혹은
조천 | 카카오ID rest4u0320

충남 서천

매주 수, 오후 7시 | 책방, 눈 맞추다
overdye0714@gmail.com

충북 충주

월 1회 | 한살림 호암매장 2층
카카오ID yoonh-1

✽ 모임 연락처가 필요하거나
새로운 모임을 만들고 싶은 분,
독자모임 정보가 바뀐 분은
편집실로 연락주시기 바랍니다.
mindle1603@gmail.com

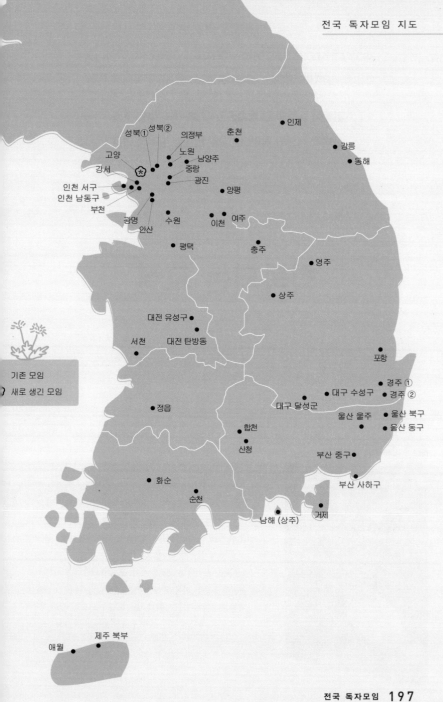

기존 모임
새로 생긴 모임

성북① 성북②
고양
강서
인천 서구
인천 남동구
부천
광명
안산
의정부
노원
남양주
중랑
광진
수원
이천
여주
양평
춘천
인제
강릉
동해
평택
충주
영주
상주
대전 유성구
서천
대전 탄방동
포항
경주①
대구 수성구
경주②
대구 달성군
울산 울주
울산 북구
울산 동구
정읍
합천
신청
부산 중구
화순
부산 사하구
순천
거제
남해 (상주)
제주 북부
애월

건강한 관계를 가꿈으로써
교실은 자유롭고 즐거운 배움의 공간이 될 수 있고,
피해 회복을 중심으로 갈등을 해결할 수 있습니다.

회복적 교육과 그 방법론인 서클Circle, 갈등 조정
회복적 정의의 패러다임으로 만드는 회복적 학교

회복되는 교실

회복적 질문과 서클로 만들어 가는
관계 중심 생활교육

김훈태 씀 | 16,000원

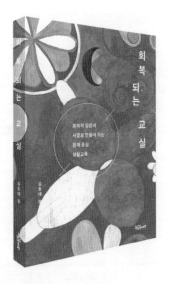

"대화는 마음과 마음을 이을 수 있는 아주 좋은 방법입니다.
이때의 대화는 일방적인 말하기나 일방적인 듣기가 아닙
니다. 마음을 알아주는 공감의 대화는 상처받은 자아를 치
유하고, 무너진 관계를 회복시켜 줍니다. 인간의 존엄을 바탕
으로 하는 존중과 책임의 대화법, 관계를 회복하는 대화모임
이 우리에게는 절실히 필요합니다. 아무리 고통스러운 현실
이더라도 우리에겐 그것을 이겨 낼 힘이 있습니다. 이른바 회
복탄력성 또는 회복력Resilience입니다. 서클은 우리 내면에 잠
재된 회복력을 키워 줍니다. 속마음을 솔직히 표현해도 공격
받지 않는, 안전한 공간에서 우리는 회복적 문화를 만들어
갈 수 있습니다."

〈들어가며〉 가운데

(03971) 서울시 마포구 성미산로1길 30 2층 | 전화 02-332-0712 | 전송 0505-1150-712 교육공동체벗

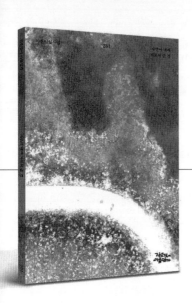

우리는 왜 이기는 일에 삶을 낭비할까

_계간 《민들레》 2024년 봄호

원하는 것을 얻으려고 우리는 줄을 섭니다. 영업 시작과 동시에 매장으로 뛰어드는 '오픈런'이라는 말도 흔히 쓰게 됐지요. 이런 현상은 경제 이론의 핵심인 '희소성 효과'를 잘 보여줍니다. 하지만 희소성이 과장되거나 조작되는 경우도 적지 않지요. 명품의 경우 희소성을 지키기 위해 재고를 비밀리에 소각한다지요. 그렇게 희소해진 것들은 대개 힘 있는 자들의 차지가 됩니다.

한국의 경쟁교육 또한 교육제도와 사회구조가 빚어낸 결과물입니다. '내신 1등급'이라는 희소성도 어떤 의미에서는 조작된 것이지요. 상대평가라는 제도가 만들어낸 희소성인 셈입니다. 이 희소성을 전제로 한 교육 속에서 그것을 얻지 못하는 수많은 아이들은 열패감을 느낍니다. 경쟁교육을 마치고 난 아이들을 기다리는 건 그보다 더 숨 가쁜 경쟁사회이지요.

너무 오래된 문제여서 어쩔 수 없는 듯 여겨지지만, 어쩌면 우리는 답을 알면서도 모른 척하고 있는지도 모릅니다. 교육을 비롯해 우리의 일상에까지 스며든 경쟁 문화를 들여다보면서, 이를 넘어설 수 있는 길을 찾아보았으면 합니다.

교사들 간에 경쟁을 부추기며 협력을 가로막는 교육 정책으로 인해 의욕 있는 선생님들이 '조용한 사직'을 하고 있는 현실을 드러내는 글, 공정 담론을 긴 안목으로 짚는 글도 불합리한 경쟁과 자원 분배의 문제를 선명히 드러내는 데 도움이 될 것입니다.

2024년 봄호 주요 내용

초등학교에서 사라진, 그러나 여전한 경쟁

교사들의 '조용한 사직'이 시작되었다

협동학습을 향한 기나긴 여정

한국은 어쩌다 압력밥솥 같은 사회가 되었을까

공정과 무임승차 그리고 기본소득

오디션 프로그램으로 경쟁을 배웁니다

학교 체육, 경쟁을 통한 배움

정기구독 신청

낱권 16,500원
일 년 구독료 66,000원

2024년부터 발행 주기가
격월간에서 계간으로 바뀌었습니다.

단체로 신청하시면 구독료를
10% 할인해 드립니다.

민들레 02) 322-1603 | mindle.org
mindle1603@gmail.com